I0464148

Wie entwickle ich eine profitable Trading-Strategie?

Warum Sie das Gegenteil von dem tun sollten,

was die Masse der Trader versucht

Heikin Ashi Trader

© 2021 Heikin Ashi Trader

Published in Ormidia, Larnaca, Cyprus

Published by Dao Press

ein Imprint von Splendid Island, Ltd.

Scanbox 05927
Ehrenbergstrasse 16a
10245 Berlin – Deutschland

1.Auflage 2021

Inhaltsverzeichnis

Teil 1: Tun Sie das Gegenteil von dem, was die Masse der Trader versucht!

1. Was Trader von automatischen Handelssystemen lernen können

Trader gehen an die Börse aus keinem anderen Grund als um Punkte, Tics und Pips zu sammeln. So viel wie möglich und so schnell wie möglich. Alles andere ist Zeitvertreib und nutzlose Analyse. Trader brauchen daher eine Methode, ein System, das genau dies leistet: permanent kleine Gewinne anhäufen, die sich irgendwann zu einem stattlichen Plus auf dem Konto summieren.

Es geht also nicht darum, die Finanzmärkte zu analysieren und zu versuchen, künftige Kurse vorherzusagen. In der Regel scheitern die meisten Trader damit. Sie wollen den Markt verstehen. Meine Erfahrung ist dagegen, dass man die Art und Weise, wie sich Finanzmärkte verhalten, nicht verstehen kann. Zu viele Akteure mit unterschiedlichen Absichten sind gleichzeitig in ihnen unterwegs und schieben die Kurse willkürlich hin und her.

Der erste Schritt zum Erfolg an der Börse kommt also mit der Einsicht, dass man als Trader das Verhalten eines Marktes nicht verstehen kann. Demzufolge kann man es auch nicht analysieren und schon gar nicht prognostizieren. Ich weiß zwar, dass dies von einer Armee von Analysten immer wieder versucht wird. Sie befriedigen lediglich das Bedürfnis des Publikums nach Erklärungen, seien sie fundamentaler oder technischer Natur.

Diese Erklärungsmodelle mögen eine Zeitlang funktionieren. Irgendwann tritt dann eine Phase ein, in der sie mehrheitlich Verluste produzieren. Die Folge ist natürlich, dass der Trader frustriert zurückbleibt und versuchen wird, nun seine vergangenen Trades zu analysieren (schon wieder!). Oder schlimmer noch: er wird versuchen, sein System zu optimieren.

Schlimmstenfalls wird er sich auf die Suche nach einer neuen Strategie machen, von der er endlich den gewünschten Erfolg erhofft. In diese Spirale des Suchens nach der perfekten Strategie geraten sehr viele Trader. Immer wieder setzen sie die Hoffnung in etwas Neues. Und sie werden immer wieder von neuem enttäuscht. Zwar haben Sie gelegentlich Erfolg, aber dieser wird bald wieder von einer neuen Pechsträhne abgelöst.

Die meisten Finanzmärkte, die ich kenne, sind durch ihre Markttiefe dermaßen effizient, dass es fast unmöglich erscheint, sie zu bezwingen. Sie zwingen den Trader förmlich zur Kapitulation. Und deshalb geben auch viele wieder auf und verbreiten dann das Gerücht, dass man hier kein Geld verdienen kann.

Auch ich bin diesen schmerzvollen Weg gegangen und war nahe daran aufzugeben. Erst die Beschäftigung mit automatischen Handelssystemen hat dann dazu geführt, Trading auf eine ganz andere Art zu betrachten. Nachdem ich jahrelang vergeblich versucht hatte, durch technische Analyse, mein Trading in den Griff zu bekommen, lernte ich jetzt eine viel nüchterne Betrachtungsweise von Börsengeschäften.

Wenn Sie nun fürchten, dass Sie ebenfalls diesen Weg gehen müssen, bitte ich Sie um etwas Vertrauen und Geduld. Sie müssen keineswegs Ihr Trading auf automatisch umstellen. Das ist nicht Sinn und Zweck dieses Buches. Ich möchte anhand einiger konkreter Beispiele zeigen, was ich aus der Beschäftigung mit dem automatischen Handel gelernt habe. Und meine Hoffnung ist, dass auch Sie die Chance wahrnehmen, Trading auf eine ganz andere Art zu betrachten.

Heutzutage gibt es bereits viele Trading-Plattformen, die es auch dem Laien ermöglichen, einfache Backtests durchzuführen. Ein Backtest ist eine Methode, mit der der Trader eine bestimmte Trading-Idee auf seine Robustheit überprüfen kann. Er kann also mit dieser Software einen rückwärts-gerichteten Test durchführen. Dieser zeigt ihm dann in Sekundenschnelle, wie er abgeschnitten hätte, wenn er diese Idee in den vergangenen Jahren gehandelt hätte.

Er bekommt nicht nur die Ergebnisse dieser tausenden von Trades, die der Computer für ihn simuliert. Er bekommt auch eine gründliche statistische Analyse dieses Tests geliefert. Diese zeigt ihm dann detailliert, ob es sich überhaupt gelohnt hätte, diese Trading-Idee gehandelt zu haben. Ich hoffe, es spricht für sich, dass eine Trading-Idee, die in den vergangenen zehn Jahren nicht funktioniert hat, auch in den nächsten zehn Jahren meist nicht funktionieren wird (es gibt Ausnahmen).

Verfügt der Trader dagegen über eine Idee, die in den letzten zehn Jahren sehr wohl funktioniert hat, dann hat sie natürlich gute Chancen, dies in den kommenden zehn Jahren zu wiederholen. Zwar gibt es auch hier keine Garantie, aber die Chancen stehen auf jeden Fall besser, wenn der Backtest positiv ausgefallen ist.

Über solche Informationen zu verfügen, scheint mir wichtig, bevor man überhaupt beginnt, eine Trading-Idee zu handeln. Weiss der Trader schwarz auf weiss, dass er über eine stabile und erfolgreiche Strategie verfügt, wird er diese auch mit mehr Zuversicht traden können. Dies ist natürlich vor allem dann von größter Wichtigkeit, wenn es mal nicht so gut läuft. Und solche Phasen treten – wie wir alle wissen – immer wieder auf.

Aus dem Grund möchte ich diejenigen Leser, die (noch) nicht mit automatischen Handelssystemen vertraut sind, dazu ermutigen, es einmal zu versuchen. Ich kann Ihnen versichern, es lohnt sich. Auch ich habe mich lange dagegen gesperrt. Erstens, weil ich in Mathematik sowieso kein großes Licht bin. Zweitens, weil ich von Software nicht viel verstehe und schon froh bin, wenn die Programme, die auf meinem PC installiert sind, reibungslos laufen. Ich denke, dies gilt für die meisten Menschen.

Ich hatte aber Unrecht, mich gegen die Beschäftigung mit automatischen Handelssystemen zu sperren, weil ich mich dadurch wichtigen Einsichten über die Art und Weise wie Trading wirklich funktionieren kann, verwehrt habe. Ich wäre nur zu froh gewesen, als ich vor 15 Jahren mit dem Scalpen von Futures begann über solche Daten zu verfügen. Meine Trading-Karriere wäre bestimmt anders verlaufen, und auch die Lernkurve wäre schneller gewesen.

Ausserdem stehen dem interessierten Laien heute ausgezeichnete Programme zur Verfügung, die im Grunde jedes Kind bedienen kann. Sie können gleichsam bestimmte Strategien testen, ohne auch nur eine Ahnung vom Programmieren zu haben. Es steht der Beschäftigung mit automatisiertem Handel also nichts im Wege, selbst wenn Sie nie vorhaben, echtes Geld einem solchen Programm anzuvertrauen.

Und sollte es mal nicht klappen, steht Ihnen Ihr Broker jederzeit zur Verfügung, um Ihnen zu helfen. Vergessen Sie nicht: die Aufgabe eines Brokers ist es, Sie mit allen Mitteln zu unterstützen, damit Sie traden können. Schließlich verdient er damit sein Geld. Die Mitarbeiter Ihrer Broker-Firma werden Ihnen also gerne zur Seite stehen, sollten Sie Probleme haben bei einem Backtest oder mit dem Einrichten von einem Template. Ich selbst habe die Dienste meines Brokers diesbezüglich mehrfach in Anspruch genommen, und er hat mir jedes Mal gerne und unentgeltlich geholfen. Und jedes Mal habe ich etwas mehr über den automatisierten Handel gelernt.

Noch besser ist es natürlich, wenn Sie jemanden in Ihrem Bekanntenkreis haben, der sehr wohl mit solchen Programmen vertraut ist. Wenn Sie eine solche Person kennen, empfehle ich Ihnen, sie zum Essen einzuladen oder ihr sonst irgendeinen Gefallen zu tun. Diese Investition lohnt sich allemal. Alternativ können Sie sich natürlich einem Trader-Verein oder einer Gruppe im Internet anschließen, die sich mit dieser Thematik beschäftigt. Es gibt unzählige Foren, in denen diese Themen ausführlich besprochen werden. Sie werden hier hin und wieder richtige Profis antreffen, die gerne helfen, wenn Sie Fragen haben.

Wie gesagt, es geht mir hier nicht darum, Sie von den Vorteilen des automatisierten Handels zu überzeugen.

Die gibt es, genauso wie die Nachteile. Sie können weiterhin Ihre Trades manuell eingeben und selber entscheiden, wann Sie traden möchten oder nicht. Ich möchte lediglich auf die Vorteile hinweisen, die die Beschäftigung mit automatischem Handel auch für den sogenannten „diskretionären Trader" mit sich mitbringt.

Der Trader, der sein Börsengeschäft vollständig manuell durchführt, kann unendlich viel von den Tradern lernen, die automatisch handeln. Zum Beispiel lernt man auf einer viel objektiveren Art und Weise über Trading zu denken und von daher rationaler zu handeln. Aber vor allem lernt man weniger, wie „die Märkte funktionieren", sondern wie Trading funktioniert! Sie werden gleich verstehen, was ich damit meine, wenn Sie weiterlesen.

2. Tun Sie das Gegenteil von dem, was in den Trading-Büchern steht

Erfolg in irgendeinem Unternehmen stellt sich oft erst dann ein, wenn Sie das Gegenteil tun, von dem, was die Masse macht. Ich denke, das spricht für sich. Dennoch handeln die meisten Trader, die ich kenne, gegen diese Maxime. Sie wollen von den sogenannten „erfolgreichen Tradern" hören, was sie machen sollen. Sie versuchen dann, diese Strategien nachzuahmen oder gar genauso zu handeln wie es „der erfolgreiche Trader" vormacht. In der Regel führt dies eben nicht zu dem gewünschten Erfolg.

Ich werde nun in diesem Buch einige klassische Empfehlungen aus der Trading-Literatur unter die Lupe nehmen und genau das Gegenteil tun von dem, was diese gutgemeinten Ratschläge vorschlagen. Ich sage nicht, dass Sie dies auch tun sollten. Ich gebe sowieso keine Empfehlungen. Jeder ist für sein eigenes Trading und sein eigenes Glück selbst verantwortlich. Aber ich hoffe, dass der Leser dank dieses Gedanken-Experiments auf neue Ideen kommen wird. Vielleicht versetzt es ihn in die Lage, sein eigenes Trading mal auf eine andere Art betrachten. Wenn mir dies mit diesem Buch gelingt, ist schon viel getan.

Behauptung 1: Verluste begrenzen und Gewinne laufen lassen

Die erste Behauptung oder klassische Empfehlung, die ich hier attackieren möchte, lautet: „Verluste begrenzen und Gewinne laufen lassen". Jeder Trader kennt diesen Satz. Er steht wie ein Mantra in fast jedem Trading-Buch. Auf dem ersten Blick ist gegen ihn nicht viel einzuwenden. Es sieht ja wohl jeder Mensch ein, dass man um Geld an der Börse zu verdienen, so wenig wie möglich verlieren und so viel wie möglich gewinnen sollte.

Dennoch stelle ich diesen Satz, insbesondere wenn es um kurzfristiges Trading oder Daytrading geht, in Frage. Wenn Sie sich ein bisschen mit diesem Spruch beschäftigen, finden Sie heraus, dass er aus einer ganz bestimmten Ecke stammt. Nämlich aus der Ecke der Trend Follower. Trend Follower, oder auf Deutsch Trendfolger, sind die Trader, deren Philosophie darin besteht, dass sie Aktien und Märkte mittel- oder langfristig immer in lang anhaltenden Trends verlaufen sehen.

Logischerweise versuchen diese Trader also, dem Trend zu folgen. Wenn sie, vereinfacht gesagt, einmal einen Trend in einer Aktie oder in einem Markt identifiziert haben, kaufen Sie diesen. Sie versuchen dann so lange wie möglich in diesem Markt zu bleiben, bis Ihr System irgendein Signal gibt, dass der Trend zu Ende ist. Haben Sie mal einen richtigen Trend erwischt, verdienen sie natürlich Geld. Darum sagen sie ja auch: Gewinne laufen lassen. Es geht also darum, dem Trend zu folgen, solange er existiert. Das ist klares rationales Verhalten.

Leider klappt diese Methode nicht immer. Manchmal kauft ein Trendfolger einen Markt, der sich zunächst in eine bestimmte Richtung bewegt hat, um dann feststellen zu müssen, dass er sich plötzlich gar nicht mehr bewegt. Der Trader hat dann zwar eine Position, aber diese läuft nicht wirklich in den Gewinn. Der Trader verliert nichts, aber gewinnt auch nichts. Er verliert lediglich seine Zeit.

Und natürlich geschieht auch das Gegenteil von dem, was sich der Trendfolger erhofft. Kaum hat er gekauft, wendet sich der Markt, und die Position beginnt zu verlieren. Deswegen lautet auch der erste Teil der Empfehlung: Verluste begrenzen. Der Trendfolger muss also, sobald sich eine Position ins Negative entwickelt, diese schließen und einen möglichst kleinen Verlust realisieren. Er muss also bereit sein, immer wieder kleine Verluste zu nehmen.

Es ist nämlich überhaupt nicht selbstverständlich, dass sich der Markt gerade dann, wenn Sie gekauft haben, auch noch in die gewünschte Richtung entwickelt. Dieser Fall ist sogar eher die Ausnahme. Die Regel ist also eher, dass es erst mal in die unerwünschte Richtung geht.

Die Schwierigkeit besteht dann natürlich darin, festzustellen, ob es sich lediglich um eine vorübergehende Korrektur handelt, der man keine große Beachtung schenken sollte, oder ob dies der Anfang einer richtigen Wende im Markt ist. Egal, welche von beiden Fällen eintritt, die Regel besagt: Verluste begrenzen. Also muss der Trendfolger die Position schließen, egal ob er mit seiner Einschätzung richtig liegt oder nicht.

Eine solche eiserne Disziplin wird meiner Erfahrung nach nur von den wenigsten Menschen geleistet. Obwohl die Empfehlung auf eine korrekte Beobachtung und Erfahrung gründet, ist sie schwer durchzuführen. Das ist auch der Grund, weshalb viele Trendfolger, ihr System komplett automatisiert haben. Der Computer entscheidet dann darüber, wann gekauft und verkauft wird.

So richtig und wichtig diese Regel für Trendfolger ist, so wenig ist sie von Nutzen im Daytrading oder kurzfristigem Handel. Da Daytrading meist auf Grund von einer Hebelwirkung durchgeführt wird, ist Trendfollowing hier selten sinnvoll. Wenn Sie vorhaben, Wochen oder gar Monate in einem Trade zu bleiben, würden die Finanzierungskosten, die ihnen der Broker in Rechnung stellt, für das Halten dieser Position nicht in einem vernünftigen Verhältnis zum Ertrag stehen.

Die Probleme im Daytrading, die ich immer wieder feststelle, rühren nun oft daher, dass die meisten Trader, ihre Trading-Philosophie unglücklicherweise gerade den Trendfolgern entlehnt haben. Sie versuchen also ebenfalls, ihre Gewinne zu maximieren und Ihre Verluste zu minimieren. Dies klingt zwar logisch oder rational, ist aber im Daytrading schwer durchzuführen.

Wenn Sie Intraday-Charts studieren, sehen Sie dies auch. Oft läuft der Markt über Stunden in einer engen Range seitwärts, um dann explosionsartig nach oben oder nach unten zu schießen. Dies geschieht meist, nachdem wichtige Wirtschaftsdaten publiziert wurden. Man sieht also förmlich, wie die Marktakteure auf diese Daten warten. Da es aber ungewiss ist, in welche Richtung diese Überreaktion geschehen wird, ist es natürlich schwer, auf Grund von irgendwelcher Analyse, den Kursverlauf vorherzusagen.

Viele Trader erleben auch, dass sie die Marktrichtung zwar richtig eingeschätzt haben, aber dennoch ihre Position verlieren, weil die Kurse erstmal in die andere Richtung laufen und ihre Stops holen. Die Stops stehen bei Ihnen deshalb so eng, weil sie nach dem Mantra der Trendfolger „ihre Verluste begrenzen" wollen. Irgendwann häufen sich die vielen Verlust-Trades, und die wenigen großen

Gewinn-Trades reichen dann nicht aus, um am Ende der Woche einen Profit zu erzielen.

Behauptung 2: versuchen Sie ein gutes Chance-Risiko-Verhältnis zu erzielen

Am deutlichsten zeigt sich die Philosophie der Trendfolger in Bezug auf das Chance-Risiko-Verhältnis (CRV). Das ist eine Zahl die besagt, wie viel ein Trader riskieren darf (oder soll), um eine bestimmte Rendite zu erzielen. Gutes Trading, so das wiederholte Mantra der meisten Trading-Gurus, arbeitet mit hohen CRVs. Also sehen Sie oft, dass auch im kurzfristigen Handel ein CRV von 1:2 oder gar 1:3 verlangt wird.

Konkret heisst dies: riskiert der Trader 50 Tics oder Pips (Distanz des Stop bis zum Einstiegspreis) sollte das Kursziel mindestens 100 Tics oder Pips betragen. Kaufen Sie also zum Beispiel den DAX zu einem Preis von 10.000 Punkten und setzen einen schützenden Stop 50 Punkte tiefer bei 9950, dann muss das Kursziel mindestens 10.100 Punkte sein.

Das bedeutet, dass ein Trader, der den DAX bei 10.000 Punkten gekauft hat, darauf hoffen muss, dass er in den nächsten Stunden tatsächlich bis auf 10.100 Punkten steigen wird. Vielleicht tut er dies wirklich. Die Realität sieht aber oft so aus, dass bevor der gute alte DAX dies gnädiger Weise für den Trader tut zunächst nochmal bis 9950 Punkten zurückläuft und seinen Stop holt. Er tut dies nicht aus böser Absicht um den Trader zu ärgern. Er tut dies, weil Märkte nun mal so funktionieren. Sie täuschen gleichsam die Erwartung des Traders. Zunächst.

So logisch und mathematisch korrekt sich diese Forderung der Gurus anhören möchte, die Realität sieht meist ganz anders aus. Es ist nämlich gar nicht so einfach eine Rendite von 100 Pips oder Punkte mit einem Risiko von 50 Pips oder 50 Punkten zu erzielen, so wünschenswert dies auch sein mag. Noch schwieriger wird es natürlich, wenn gar Forderungen von CRVs von 1:3 oder noch höher im Raum stehen. Hier brauchen Sie schon höhere Zauberei um dauerhaft erfolgreich zu sein.

Behauptung 3: Sie brauchen „lediglich" eine Trefferquote von 33,33%

Wenn der Trader die nicht gerade unbescheidene Rendite-Erwartung von 100 Punkten Gewinn mit einem Risiko von 50 Punkten erfüllen will, bräuchte er lediglich eine Trefferquote von etwas über 33,33 % um profitabel zu handeln. Nur 34% seiner Trades müssen das Kursziel erreichen, damit er profitabel handeln kann. Zumindest das sagt uns die

Mathematik. Auch diese Forderung hört sich natürlich vernünftig an. Und jeder, der mit diesem Gedanken zum ersten Mal konfrontiert wird, sagt sich: „Nun, 33,33 % das kann ich! Ich kann es sogar viel besser!"

Die Realität des Tradens sieht aber leider ganz anders aus. Trader, die mit solchen Prämissen in den Markt gehen, sehen sich oft mangelnder Volatilität ausgesetzt. Die Folge ist, dass das genannte Kursziel von 100 Pips oder 100 Punkten gar nicht erreicht wird (geschweige denn 150 Pips). Der Stop, der auf lediglich 50 Punkte Distanz zum Einstiegskurs entfernt liegt, wird dagegen sehr wohl erreicht. Die Folge ist, dass die Rechnung einfach nicht aufgeht. Mathematisch stimmt sie natürlich, aber sie ist in der Praxis schwer umzusetzen. Es ist im Übrigen egal, ob der Trader mit einem Verhältnis 30 – 60 oder 20 – 40 arbeitet. Die Schwierigkeiten bleiben dieselben.

Das Problem bei dieser Art von Trading ist meines Erachtens bei der darunter liegenden Prämisse zu suchen. Diese entstammt genau der bereits erwähnten Empfehlung „Verluste minimieren, Gewinne laufen lassen". Sie klingt auf den ersten Blick vernünftig und rational, ist aber in der täglichen Realität des kurzfristigen Tradens wenig praktikabel.

Somit ist klar, dass der Misserfolg nicht an der Disziplin des Traders (wie so oft behauptet), sondern schlicht an der falschen Methode liegt. Und ich würde sogar weitergehen und behaupten, dass es an der falschen Trading-Philosophie liegt. So sinnvoll und wahr „Verluste begrenzen, Gewinne laufen lassen" für Trendfolger ist, so nutzlos erweist sich dieser Rat im kurzfristigen Handel.

Mehr. Meine Empfehlung in diesem Buch geht sogar dahin, mal das Gegenteil von dem zu versuchen, was den Trendfolgern empfohlen wird. Mein Vorschlag für den intraday Handel lautet tatsächlich: **Gewinne so klein wie möglich halten und Verluste möglich groß zu wählen.** So absurd sich diese Empfehlung für manche Ohren anhört, so effektiv erweist sie sich, wenn wir diesen Vorschlag gründlich testen und die Ergebnisse anschauen werden.

Meine Empfehlung lautet tatsächlich im intraday-handel zu versuchen wie ein Scalper, permanent kleine Gewinne zu realisieren und eben nicht mit engen Stopps zu arbeiten. Arbeitet der Trader im Daytrading mit engen Stops, wird er erleben, dass seine Position ständig ausgestoppt wird. Das liegt in der Natur der Märkte, die ständig kleinen Schwankungen erliegen.

Das Kursziel seiner Position sollte also denkbar klein gewählt werden, damit es schnell und mühelos erreicht wird. Der Stop dagegen sollte möglichst weit entfernt vom aktuellen Kursgeschehen stehen. So weit, dass er unter „normalen Marktbedingungen" gar nicht erst erreicht wird. Dass dies hin und wieder trotzdem geschehen wird, spricht für sich. Die Marktbedingungen und die Volatilität ändern sich ständig. Es gibt also hin und wieder Übertreibungen, denen natürlich auch der weitstehender Stop zum Opfer fallen wird.

Die eigentliche Idee dieser Strategie ist aber, dass das Kursziel durch die natürlichen Schwankungen der Märkte schnell und problemlos erreicht wird. Wie schnell dies gehen wird, werde ich anhand von mehreren Beispielen illustrieren. Wichtig bei dieser Strategie ist, dass Sie verstehen lernen, dass es im intraday-Handel eben gerade nicht darum geht, große Gewinne zu erzielen. Ganz im Gegenteil. Wir wollen, dass unser Kursziel möglichst schnell erreicht wird und gehen dann zum nächsten Trade über. Wir favorisieren also eine Kette von vielen kleinen Gewinnen.

Diese Herangehensweise hat viele Vorteile. **Der wichtigste Vorteil** ist meines Erachtens **der Spaßfaktor**. Wenn Sie immer wieder gewinnen, motiviert Sie dies enorm. Seien Sie mal ehrlich. Wie verdienen Sie lieber Ihr Geld: einmal gewinnen und fünfmal verlieren? Oder Neunmal gewinnen und einmal verlieren?

Ich denke die Antwort liegt auf der Hand. Die allermeisten Menschen werden sich für die zweite Variante entscheiden. Das liegt in der menschlichen Natur. Deswegen versuche ich eine Trading-Stratcgie zu entwickeln, die mit der menschlichen Natur konform geht. Es mag zwar rational logischer klingen, sich für die erste Variante zu entscheiden (was die meisten Trading-Bücher eben tun). Sie ist in der Praxis jedoch nur schwer durchzuführen. Glauben Sie mir, ich habe es jahrelang versucht.

Die meisten Trader wollen am liebsten immer (oder so oft wie möglich) gewinnen. Deswegen empfehle ich auch, sich eine Strategie zu suchen, die dies genau leistet: eine Strategie mit einer möglichst hohen Trefferquote. Wie hoch die Trefferquote sein muss, damit Sie am Ende profitabel handeln können, wollen wir anhand einiger einfacher Rechenbeispiele klären.

Wenn Sie sich also auf stetige kleine Gewinne konzentrieren, programmieren Sie gleichsam Ihre Art zu traden (Ihr Gehirn) auf diese Methode. Da Sie immer wieder kleine Erfolgserlebnisse haben, sind sie permanent motiviert, weiter zu machen. Dies ist in Trading von enormer Wichtigkeit. Trading ist ganz gewiss eine gewaltige Herausforderung. Deswegen sind Erfolgserlebnisse sehr wichtig. Bleiben diese aus, verliert der Trader schnell die Motivation.

Der zweite Vorteil von kleinen Kurszielen ist die Realität des Marktes selbst. Dieser gibt eben nicht oft die Gelegenheit, große Gewinne zu erzielen. Er gibt aber permanent die Chance, kleine Gewinne zu realisieren. Deswegen favorisiere ich diese Methode, weil ich mir ein System wünsche, das mir dauerhafte Einnahmen bietet. Wenn Sie auf der Jagd sind nach großen Gewinnen, müssen Sie oft tagelang warten, bis diese von Ihnen antizipierte Bewegung von 100 Punkten kommt. In der Zeit hat mein System womöglich schon 20 oder 30 Mal 5 oder 7 Punkte aus dem Markt geholt.

Damit ein solches System mit kleinen Kurszielen profitabel gehandelt werden kann, brauchen wir natürlich eine hohe Trefferquote. Denn hin und wieder werden wir auch einen Verlust-Trade haben, der unsere Gewinne auffrisst. Die hohe Trefferquote ist die Prämisse dieses Systems. Wir brauchen sie, und wir wollen sie. Und überdies kommt sie dem natürlichen Bedürfnis des Menschen entgegen, der immer gewinnen will. Sie mögen das bedauern und gar als irrational betrachten, aber gegen die menschliche Natur zu arbeiten war schon immer eine der schwersten Geschäfte. Also wollen wir es erst gar nicht versuchen.

3. Zielen Sie auf eine hohe Trefferquote

Damit die Prämisse, die unserer Strategie zu Grunde liegt, deutlicher wird, müssen wir das Verhältnis von Chance-Risiko und Trefferquote näher betrachten. Denn, wenn es irgendwo eine **Erfolgs-Formel im Trading** gibt, dann ist sie genau hier zu finden. Wer das Ineinanderwirken von Trefferquote und Chance-Risiko versteht, kann eine Börsenformel entwickeln, die auf die eigene Persönlichkeit zugeschnitten ist. Deswegen wollen wir anhand einiger Beispiele einige Formeln genauer anschauen.

Wenn ein Trader ein Anhänger der Trendfollowing-Philosophie ist, wird er naturgemäß überall Trends auf Charts versuchen zu identifizieren. Seitwärtsphasen werden von einem solchen Trader dann eher als „Forsetzungsformationen", denn als „bedeutungsloses Rauschen "betrachtet. Da er auf Trends setzt, wird er natürlich versuchen, große Gewinne zu realisieren. Beim Verhältnis zwischen Risiko und Gewinn wird dieser Trader den Schwerpunkt auf die Gewinn-Seite legen. In Trendmärkten sind eben größere Gewinne zu erwarten.

In Bezug auf die Erfolgs-Formel wird er demgemäss hohe CRVs wählen. Am besten CRVs von 1:3 oder höher. Was dies für die Trefferquote bedeutet, wollen wir anhand eines Rechenbeispiels verdeutlichen.

Nehmen wir an, der Trendfolger macht 100 Trades, von denen lediglich 30 Gewinner sind (eine übliche Erfolgsquote bei Trendfolgern). Er hat also eine Trefferquote von 30 %. Er arbeitet mit einem Chance-Risiko-verhältnis von 1:3. In Punkten: er riskiert 100 Punkte um 300 zu gewinnen.

30 Gewinn-Trades x 300 Punkte = 9000 Punkte

70 Verlust-Trades x 100 Punkte = 7000 Punkte

Total: 2000 Punkte

Sie sehen: nach dieser Rechnung verfügt unser Trendfolger über ein profitables Trading-System. Obwohl er lediglich eine Trefferquote von 30 % hat, macht er dennoch Gewinn. Es ist sogar noch besser. Die Profitabilitätsschwelle dieses Traders liegt genau bei 25%. Das heisst, er braucht nur mit jedem vierten Trade das Kursziel zu erreichen, damit er break-even ist (auf 0 kommt). Ab dem 26. Trade ist er profitabel. Hier sehen Sie dies:

25 Gewinn-Trades x 300 Punkte = 7500 Punkte

75 verlust-Trades x 100 Punkte = 7500 Punkte

Total: 0 Punkte

Die geringe benötigte Trefferquote ist im Übrigen der Grund weshalb sich viele Trader von dieser Strategie angezogen fühlen. Sie sagen sich: eine Trefferquote von 25%? Das ist leicht zu schaffen. Und das ist es vielleicht auch, vorausgesetzt, Sie sind in der Lage die vielen Verlust-Trades (bis zu 75 %) psychisch zu verkraften. Denn diese kommen nicht brav im Rhythmus daher: Verlust, Verlust, Verlust, **Gewinn**, Verlust, Verlust, Verlust, **Gewinn**, Verlust. usw.

Sie können als Trendfolger durchaus Verlust-Reihen von zehn oder mehr erleben. Wenn Sie also zum zehnten Mal einen Verlust von 100 Punkten eingesteckt haben, sind Sie dann noch in der Lage mit frischem Geist Ihren elften Trade mit einem Verlust-Stop von 100 Punkten einzugehen ohne mit der Wimper zu zucken?

Den zweiten Vorbehalt, den ich gegen diese Strategie habe, ist natürlich die Tatsache, dass ein Kursziel von 300 Punkten nicht ohne weiteres erreicht wird. Nehmen wir an, unser Trendfolger hat eine Position im Währungspaar USD/JPY, der 250 Pips im Gewinn steht. Er braucht also „lediglich" 50 weitere Pips, damit das Kursziel von 300 Pips erreicht wird.

Leider passiert an der Stelle das Unerwartete. Der USD/JPY ändert plötzlich seine Richtung und produziert ein ordentliches Retracement. Die Folge ist, dass die Position nach wenigen Stunden nur noch 75 Pips im Gewinn steht. Was machen Sie als

Trendfolger dann? Ziehen Sie Ihren Stop nach (in dem Moment ändern Sie natürlich sofort Ihr CRV und „fälschen" Ihr System). Arbeiten Sie ab jetzt mit einem Trailing-Stop und nehmen in Kauf, dass Ihre Position mit einem kleineren gewinn als 300 Pips ausgestoppt wird (wahrscheinliche Variante)?

Wie Sie sehen, sieht das System mit hohen Kurszielen in der Theorie zwar gut aus, ist aber in der Praxis schwer durchzusetzen. Das ist meines Erachtens auch der Grund, weshalb so viele Trader im Forex-Handel scheitern. Sie haben einfach das falsche System. Oder zumindest ein schwer durchzuführendes System.

Die ganzen Fragen bezüglich des Stop-Managements und der Exit-Strategien resultieren doch gerade aus der Tatsache, dass dieser Trader mit hohen (oft unerreichbaren) Kurszielen arbeitet. Er muss sich dann tatsächlich mit ausgeklügelten Exit-Strategien auseinandersetzen, die natürlich mit jeder Änderung der Parameter seine Erfolgs-Formel in Frage stellen.

Erreicht er zum Beispiel auf Grund von Korrekturen im Markt oder gar Retracements sein vorausgesetztes Kursziel von 300 Pips öfter nicht, wird er Schwierigkeiten haben, seine Trading-Ziele zu erreichen. Wenn wir zunächst vorausgesetzt haben, dass bei dieser Strategie eine Trefferquote von etwas über 25 % reicht, um profitabel traden zu können, so müssen wir womöglich jetzt von einer viel höheren

Trefferquote ausgehen. Und hier fangen die Dinge an, kompliziert zu werden.

Betrachten wir nun das Modell eines Traders, der quasi das Gegenteil des Trendfolgers versucht. Dieser wählt ein möglichst kleines Kursziel und einen weiten Stop. Dieser Trader tut dies, weil er einer ganz anderen Philosophie folgt als unser Trendfolger. Statt überall Trends zu sehen, geht dieser Trader davon aus, dass sich die Märkte in der Mehrzahl der Zeit trendlos verhalten.

In der Fachsprache heisst dies auch oft, sie befinden sich im **Mean Reversion-Modus.** Was ist dies? Mit Mean-Reversion ist die Neigung eines Börsenkurses gemeint, nach einer extremen Position wieder zu seinem Durchschnittwert zurückzukehren. Zwar gibt es natürlich im Mean Reversion-Modus genauso Übertreibungen (also Trading-Chancen, bei denen man größere Gewinne erzielen könnte). Diese werden aber früh oder spät vom Markt wieder korrigiert. Entweder kehren die Kurse in eine frühere Range zurück, oder es folgen auf den Ausbruch nach oben oder keine Anschlusskäufe, sodass der Gewinn allmählich abbröckelt.

Ein Mean Reversion-Trader versucht es also gar nicht, diese Ausbrüche, Übertreibungen (also große Kursziele) zu traden. Er geht von der normalen, alltäglichen Fluktuation im Markt aus und versucht jedes Mal ein kleines Stückchen herauszuschneiden.

Wir schauen uns daher die Erfolgs-Formel dieses Traders an. Nehmen wir an, er würde sich mit einem Kursziel von 10 Punkten begnügen. Seinen Stop setzt er auf sicheren Abstand zum aktuellen Marktgeschehen, nämlich 30 Punkte. Er riskiert also 30 Punkte um nur 10 zu gewinnen. Ich weiss, dass diese Vorstellung für eine große Zahl an Tradern ein Graus ist. Wie kann man bloss mit einem „negativen Chance-Risiko-Verhältnis" arbeiten, also mehr riskieren, als man je gewinnen könnte?

Da wir aber bereits am Anfang dieses Buches von der These ausgegangen sind, dass man oft das Gegenteil tun muss, von dem, was die Masse macht, um erfolgreich zu sein, nehmen wir diesen Trader ernst und schauen uns genau seine Erfolgsformel an.

Da das Kursziel klein ist, wird es natürlich – im Gegensatz zum Kursziel des Trendfolgers – schnell und leicht erreicht. Eine solche Strategie müsste also naturgemäß über eine höhere Trefferquote verfügen. Nehmen wir an, diese wäre in dem Fall 75 %. Auch dieser Trader macht in unserem Rechen-Beispiel 100 Trades.

75 Gewinn-Trades x 10 Punkte = 750 Punkte

25 Verlust-Trades x 30 Punkte = 750 Punkte

Total: 0 Punkte

Wir sehen in diesem Rechen-Beispiel, dass dieser Trader eine Trefferquote von etwas über 75 % benötigt, damit er profitabel handeln kann. Kritiker dieser Methode werden einwenden, dass Trefferquoten von 75 % und mehr schwer zu erreichen sind. Ich stimme dem zu, sofern die Kursziele zu ambitioniert sind (wie bei den meisten Intraday-Strategien). Ist das Kursziel aber leicht und schnell zu erreichen, dann sind Trefferquoten von 75 %, ja über 80% gar keine Seltenheit.

Natürlich ist dieses Beispiel zunächst beliebig gewählt. Ich werde im Laufe dieses Buches eine Strategie mit einem minimalen Kursziel vorstellen, die genau auf dieser Prämisse aufgebaut ist. Es ließe sich zum Beispiel ein noch viel extremeres Beispiel denken. Nehmen wir an, dieser Trader würde sich mit einem Kursziel von gar 6 Punkten zufrieden geben. Sein Stop würde auf einer Distanz von 30 Punkten zum Einstieg bleiben. In dem Fall wäre sein CRV 6:1, also ein extrem negatives CRV. Was glauben Sie wie hoch in diesem Fall die Wahrscheinlichkeit ist, dass eher das Kursziel als der Stop erreicht wird? In der Tat: sehr hoch.

84 Gewinn-Trades x 6 Punkten = 504 Punkte

16 Verlust-Trades x 30 Punkten = 480 Punkte

In diesem Beispiel muss der Trader bereits eine Trefferquote von 84% erreichen, um profitabel handeln zu können. Auch dies ist eine sehr hohe Trefferquote. Die Wahrscheinlichkeit, dass das Kursziel erreicht wird, ist hier nun noch ein Stück höher als bei dem Beispiel mit einem Stop-Abstand von 10 Punkten.

4. Warum Trading-Strategien mit „guten" CRVs meist nicht erfolgreich sind

Nun könnte ein kritischer Leser einwenden, dass es wohl unwahrscheinlich ist, dass ein Trading-System dauerhaft hohe Trefferquoten erreichen kann. Es wird immer Phasen im Markt geben, in denen der Stop öfter erreicht wird. Dies würde dann größere Drawdown-Phasen (Verlustreihen) zur Folge haben, was die allgemeine Profitabilität der Strategie schmälern würde. Ich stimme dem zu. Diese wird es geben. Mir ist im Übrigen kein Trading-System bekannt, dass ohne Drawdown-Phasen auskommt.

So wahr es ist, dass es immer wieder Verlust-Phasen geben wird, so wahr ist es auch, dass gerade Systeme mit einer hohen Trefferquote dazu neigen, die aufgelaufenen Verluste schnell wieder aufzuholen. Das werde ich anhand mehrerer Equity-Kurven eines solchen Systems noch zeigen. Ausserdem tauchen in einem solchen System auch lang anhaltende Gewinn-Reihen auf, die das Konto natürlich ordentlich voranbringen. In einigen Fällen erzielte dieses System Gewinn-Reihen von über 100 Trades, ohne einen einzigen Verlust-Trade!

Es gibt aber noch ein viel wichtigeres Argument, das für ein Trading-System mit kleinen Kurszielen spricht, insbesondere wenn Sie vorhaben kurzfristig zu traden. Wir haben bei der Betrachtung von Trading-Systemen, die auf das Trendfollowing-Modell beruhen, festgestellt, dass die Kursziele oft schwer oder gar nicht erreicht werden. Dieser negative Effekt verschlechtert natürlich das CRV vieler Trading-Strategien, die auf diesem Prinzip beruhen. Und es ist oft auch der Grund, weshalb Trader, die mit diesem Modell arbeiten, nicht erfolgreich sind.

Schauen wir uns aber die Ergebnisse von Trading-Modellen an, die mit kleinen Kurszielen arbeiten, zeigt sich regelmässig ein anderer Effekt: der Stop-Kurs wird nicht immer erreicht! Der Grund ist einfach: nachdem der Trade eingegangen wird, wird vielleicht das Kursziel nicht erreicht, aber auf Grund der niedrigen Volatilität den weiter liegenden Stop auch nicht.

Bild 1: Performance Histogramm im Euro Stoxx 50-Future (FESX)

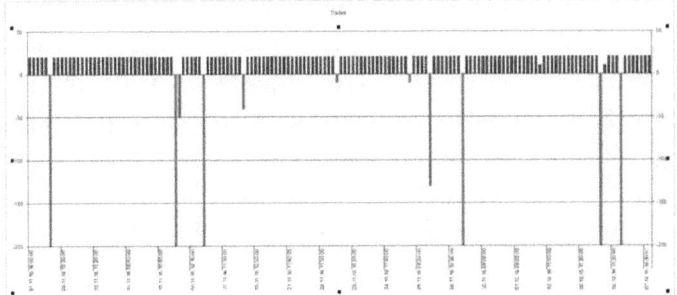

Bild 1 verdeutlicht diesen Effekt. Sie sehen das Ergebnis einer Anzahl Trades im Eurostoxx50-Future. Die kleinen blauen Balken oben symbolisieren die Gewinn-Trades. Die langen roten Balken unten stehen für die verlust-Trades. Wie deutlich zu sehen sind die Gewinn-Trades deutlich in der Mehrzahl, das heisst: diese Strategie verfügt über eine hohe Trefferquote. Das war in dem Fall auch nicht schwierig, weil das Kursziel lediglich bei 2 Tics lag. Der Stop lag bei dieser Strategie 20 Tics entfernt.

Während nun das Kursziel fast immer erreicht wird (es gab 2 Ausnahmen) wurde der Stop lediglich in sechs Fällen erreicht. Es gab aber 5 weitere Verlust-Trades, bei denen dies nicht der Fall war. Da es sich im Gegensatz zum Trendfollowing-System um ein intraday-System handelte, wurde die Position ab einer bestimmten Uhrzeit geschlossen.

Wenn aber der Stop nicht immer erreicht wird, verbessert sich natürlich unser CRV, weil der Gesamt-Verlust (die Summe aller Verlust-Trades) kleiner wird. Dieser Effekt sorgt dann dafür, dass der Trader eine niedrigere Trefferquote braucht, um die Profitabilitätsschwelle zu erreichen. Dagegen wird das kleine Kursziel fast immer erreicht.

Wenn also der Effekt der verminderten Kursziele die Profitabilität von Trendfollowing-Systemen verringert, erhöht der Effekt der kleineren Verluste die Profitabilität von Trading-Systemen mit kleinen Kurszielen. Für mich Grund genug, um sich näher mit solchen Systemen zu beschäftigen.

5. Lob der Take-Profit-Order

Gewinne zu realisieren gehört zu den angenehmen Tätigkeiten des Börsengeschäfts. Es gehört aber auch zu den notwendigen Tätigkeiten eines Traders. Er muss ständig Gewinne realisieren, wenn er von seiner Tätigkeit leben will. Wenn Sie nun glauben, dass dies wohl eine der am einfachsten durchzuführenden Maßnahmen eines Traders ist, dann irren Sie sich gewaltig. Viele Trader haben große Schwierigkeiten, eine Position, die im Gewinn steht, zu schliessen. Der Grund ist menschlich: Gier. Wenn Sie einmal gewinnen, entsteht in Ihnen das natürliche Bedürfnis, noch mehr zu gewinnen. Schließlich steht die Position bereits im Gewinn, und es gibt keinen Grund anzunehmen, weshalb der aufgelaufene Gewinn nicht noch weiter anwachsen könnte.

Ich selbst hatte als Trader über eine lange Zeit dieses Problem. Ich konnte meine Gewinne nicht realisieren. Ich war sozusagen übergeduldig. Im Grunde war ich übergierig. Erst als ein mir befreundeter Trader, mit dem ich dieses Problem diskutierte einfach sagte: „Du musst das Geld immer wieder vom Tisch nehmen", habe ich gelernt, meine Gewinne rechtzeitig zu realisieren. Aber einfach war es nicht.

Leider ist auch das Gegenteil der Fall. Aufgelaufene Gewinne können schneller   als Schnee in der Sonne schmelzen als man zuschauen kann. Allein schon aus dem Grund möchte ich hier eine Lanze brechen für **die automatisierte Take-Profit-Order**. Das ist eine Order zum Verkauf eines Wertpapiers nach dem Erreichen eines bestimmten Kursstandes. Damit wird der Gewinn automatisch auf das Konto des Traders gebucht, wenn der Markt einen bestimmten Kurs erreicht. Der Trader, der dieses Instrument benutzt, braucht sich also keine Gedanken mehr über den weiteren Verlauf des Marktes zu machen. Sobald die Position geschlossen wird, ist er aus dem Spiel. Punkt.

Kritiker der automatisierten Take Profit Order argumentieren natürlich, dass man auf diese Art seine Gewinne begrenzt. Schließlich könnte der Kurs – rein theoretisch – unendlich weiter steigen (oder fallen, wenn Sie Short sind). Dass dies in den seltensten Fällen geschieht, habe ich bereits am Anfang des Buches gezeigt.

Im Gegenteil, da sich Märkte in der Mehrheit der Zeit im Mean-Reversion-Modus befinden, drehen die Kurse nur allzu oft. So passiert das Gegenteil von dem, was der Trader beabsichtigt.

Es ist also von allergrößter Wichtigkeit, dass der Trader lernt, seine Gewinne tatsächlich zu realisieren. Genauso wie er lernen muss, seine Verluste zu begrenzen. Wenn aber ein Trader mit hohen CRVs arbeitet, führt dies leider dazu, dass er den Markt zu analysieren beginnt, wenn es nicht gut läuft. Er tut es vor dem Trade, während des Trades und oft auch nach dem Trade. Das mag zwar eine intellektuell interessante Tätigkeit sein, bringt aber meist kein Geld.

Ein Trader verdient an der Börse nur dann Geld, wenn er seine Gewinne systematisch realisiert. Und am besten automatisiert er diesen Vorgang, damit er nicht in die Verführung kommt zu zweifeln. Dies leistet die Take-Profit-Order. Der Name sagt es klar und deutlich: Take the profit!

Ob Sie es glauben oder nicht: dieser einfache Vorgang bringt das eigentliche Geld an der Börse. Nichts Anderes. Man könnte etwas überspitzt sagen:

ein Trader ist jemand, der permanent Gewinne realisiert. Deswegen sollte seine Aufmerksamkeit und Energie auf genau diese Tätigkeit gerichtet sein. Tut er es nicht, verplempert er im Grunde nur seine Zeit. Vergessen Sie nicht: Trader sind an der Börse um Tics, Punkte und Pips zu sammeln. Kontinuierlich, unermüdlich und mit großem Spaß am Tun!

Wenn der Trader nun, wie ich es empfehle, mit kleinen Kurszielen arbeitet, wird das Kursziel naturgemäß schnell erreicht werden. In manchen Extremfällen nach wenigen Sekunden. Wenn seine Trades kurz sind, wird sein System mehr Trades produzieren als ein System, das auf große Kursziele setzt. Infolgedessen entsteht für den Trader eine gewisse Dynamik, die nahe an die eines Scalpers herankommt. Wer meine Scalping-Bücher kennt, weiss welche Vorteile im Gehirn eines Traders dabei entstehen. Das ständige Realisieren von Gewinnen erzeugt eben genau die Gewinner-Mentalität, die Sie benötigen, um an der Börse erfolgreich zu sein.

Dauern die Trades zu lange, braucht der Trader viel mehr Distanz zum Kursgeschehen und sollte am besten den PC oder den Laptop (und auch sein Smartphone) schließen und die Kurse nicht mehr anschauen. Aus Erfahrung weiss ich aber, dass die wenigsten Trader dazu in der Lage sind. Verlangen Sie mal von einem Trader, der 5 Börsen-Apps auf seinem Smartphone installiert hat, zwei Tage lang nicht auf die Börsenkurse zu schauen. Sie werden vermutlich kaum einen finden, der dazu in der Lage ist. Börse macht nun mal süchtig.

Deshalb empfehle ich, dass Sie Ihr Trading weitestgehend automatisieren oder zumindest semi-automatisch arbeiten, indem sie festgesetzte Take-profit-Orders benutzen, sobald Sie eine Position eingehen. Sie können dann immer noch manuell in den Markt gehen beim Entry, wenn Sie dies wünschen.

6. Lob des automatischen Entry

Trader machen sich manchmal viele Gedanken über Entry, Exit, Strategie und technische Analyse. Darf ich mir die Bemerkung erlauben, dass diesen Dingen nach der Durchführung von einigen tausende oder gar zehntausende Trades weit weniger Bedeutung beizumessen sind als gemeinhin gedacht wird. Erfahrene Trader achten dagegen viel mehr auf die Parameter in der statistischen Gesamtbetrachtung einer Trading-Periode.

Wenn der Trader aufhört zu analysieren, handelt er immer mehr auf Grund von statistischen Annahmen (die er aus vorherigen Backtests gewonnen hat). Dadurch nimmt er die Emotionen weitestgehend aus dem Handel raus und handelt rationaler. Ich habe es bereits in meiner Buch-Reihe über Swingtrading angesprochen. Da draussen „an der Börse" gibt es nichts, was man objektiv analysieren kann.

Die Börse ist nichts anderes als ein chaotisches Geschehen, das von tausenden Marktakteuren bestimmt wird, die meistens nicht rational handeln. Der bloße Versuch, die Börse zu verstehen, kann in meinen Augen nur scheitern. Sobald Sie eine Aussage bezüglich der künftigen Kursentwicklung getätigt haben, kommt jemand daher, der gute Argumente anbringt, die genau das Gegenteil von dem beweisen, was Sie vielleicht noch vor einer Minute gedacht haben.

An der Börse müssen Sie Ihr eigenes Spiel spielen. Und wenn ich sage: Ihr eigenes Spiel, heisst dies, dass **SIE** die Regeln bestimmen sollten! Niemand sonst. Sie sollten von vornherein wissen, wann und warum Sie einsteigen, wo Ihr Stop steht und wann Sie den Gewinn mitnehmen wollen. Wenn Sie sich auf diese einfachen, aber klaren Parameter konzentrieren, ist die Chance viel größer, dass Sie zu den Gewinnern gehören werden. Spielen Sie also Ihr eigenes Spiel!

Ein Trader kann viel Zeit damit verbringen, nach idealen Kauf- oder Verkaufssignalen zu suchen. Die Frage ist aber, ob er es auch tun sollte. Gewiss, ab und an wird er zum Beispiel mal das Tagestief erwischen und im richtigen Moment Long gehen. Die Frage ist aber: kann er das jeden Tag? Ich denke, die Antwort ist klar. Darf die Bemerkung erlaubt sein, dass das ständige Suchen nach dem perfekten Einstieg ein Anfänger-Problem ist?

Glauben Sie mir, die meisten Profis haben die Frage, wann und ob ein Trade eingegangen wird, längst automatisiert. Es mag die intellektuelle Neugier befriedigen und auch dem Ego gut tun, wenn es Ihnen mal gelingt am Tageshoch Short gegangen zu sein. Aber seien wir mal ehrlich: Glauben Sie wirklich, Sie haben diese Ambition immer noch, wenn Sie schon zehn Jahre dabei sind und haben Ihre ersten zehntausend Trades drin?

Bei der Strategie, die ich Ihnen hier vorstellen möchte, empfehle ich deshalb neben dem automatisierten Take-Profits deshalb auch **den automatisierten Entry**. Dies hat viele Vorteile. Wenn der Trader sich nicht mehr um die Suche nach guten Entrys und um die Gewinner kümmern muss (das macht das System für ihn), bleibt nur noch eines übrig: das Management der Verlust-Trades. Und hier zeigt sich dann der wahre Meister.

Wenn natürlich das Management von Verlust-Trades automatisiert werden kann, gibt es gute Gründe, es selber zu machen. Erfahrene Trader sind meistens besser im Managen von Verlust-Trades als Roboter. Der Grund ist: Markt- und Trading-Erfahrung und

Domain-Expertise (Tiefe Kenntnisse des Marktes, den man tagtäglich tradet).

Darum empfehle ich das semi-automatische handeln. Es bringt die Vorteile des automatischen Handels und des diskretionären (manuellen) Tradings zusammen. Automatische Handelssysteme können den Markt nicht interpretieren. Das kann ein erfahrener Trader. Aber Trader haben meist Schwierigkeiten mit der Durchsetzung der Disziplin. Das kann ein Roboter. Deswegen empfehle ich die Vorteile der beiden Herangehensweisen zu kombinieren und die Nachteile möglichst auszuschalten.

Teil 2: Eine Trading-Strategie mit kleinem Kursziel

Ich möchte hier eine einfache Trading-Strategie anhand von drei Backtests in Hinblick auf die Profitabilität betrachten. Im Allgemeinen wird in der Trading-Literatur sehr viel Wert auf die Strategie selbst gelegt. Irgendwo steckt in jedem Trader ein Graalssucher, der hofft, eines Tages, doch die geheime Strategie zu finden, auf die bislang keiner gekommen ist. Vielleicht gibt es die auch. Sie ist mir in meiner 15-jährigen Trader-Karriere leider nirgends begegnet. Jede, aber wirklich jede Strategie, die ich gesehen, gehandelt oder getestet habe, hatte Schwächephasen, und mehr oder weniger große Drawdowns.

Statt sich also auf die müßige Suche nach einer solchen „unfehlbaren" Strategie zu begeben, ist es meiner Meinung nach viel fruchtbarer, die Parameter einer bestehenden Strategie so anzupassen, dass sie uns ermöglichen unsere finanzielle Ziele zu erreichen. Damit der Trader aber einen objektiven Blick auf das Leistungspotenzial seiner gewählten Strategie bekommt, sollte er sie zunächst testen. Dies kann er natürlich auf Papier tun in einem Demo-Konto. Er bekommt dann nach einem oder zwei Monaten eine Ahnung, ob diese Strategie Sinn macht oder nicht.

Wenn man aber die langfristige Profitabilität einer Trading-Strategie überprüfen möchte, sollte der Trader einen sogenannten **Backtest** für die eingestellten Parameter durchführen. Dies geschieht auf Grund einer speziellen Software, die heute im Übrigen in vielen Trading-Plattformen angeboten wird. Sie brauchen also meistens nicht auf die Suche zu gehen.

Wenn Sie backtesten, schauen Sie auf Grund der vorhandenen historischen Daten eines Marktes, wie Ihre Strategie mit den gewählten Parametern abgeschnitten hätte. Die Ergebnisse, die Sie bekommen, machen dann eine statistische Analyse möglich, mit der Sie die Leistungsfähigkeit Ihrer Strategie beurteilen können. Die Prämisse eines solchen Backtests ist natürlich die Annahme, dass Strategien, die in der Vergangenheit gut funktioniert haben, gute Chancen haben, dies in Zukunft zu wiederholen. Das Gleiche gilt natürlich für Strategien, die nicht gut performt haben. In der Regel tun Sie es dann auch nicht in der Zukunft.

Dennoch sollte man nicht vergessen, dass die vergangene Performance keine Garantie für die zukünftige ist. Wenn ein Trader eine bestimmte Strategie testet, möchte er in Erfahrung bringen, ob die Grundannahmen seines Systems unter bestimmten Marktbedingungen funktionieren. Nicht mehr aber auch nicht weniger. Backtests sind daher beileibe nicht perfekt, aber man bekommt wenigstens eine Ahnung, was die Strategie mit den eingegebenen Parametern in den letzten Jahren geleistet hätte, hätte man sie gehandelt.

Test 1: Die Bund-Future Crossing-Moving-Average-Strategie

Um es so einfach wie möglich zu halten, habe ich mich als Signalgeber für eine **Crossing-Moving Average** entschieden. Dieser Indikator basiert also auf der Kreuzung von einem langsamen und einem schnellen gleitenden Durchschnitt. Kreuzt nun der Schnelle den Langsamen von unten nach oben, werden vom System **nur Long-Positionen** eröffnet. Umgekehrt: kreuzt der schnelle Durchschnitt den langsamen von oben nach unten werden **nur Short-Positionen** eröffnet.

Einen ersten Test habe ich auf den Deutschen **Bund-Future** durchgeführt.

Bild 2: Bund Future, 5-Minuten-Chart

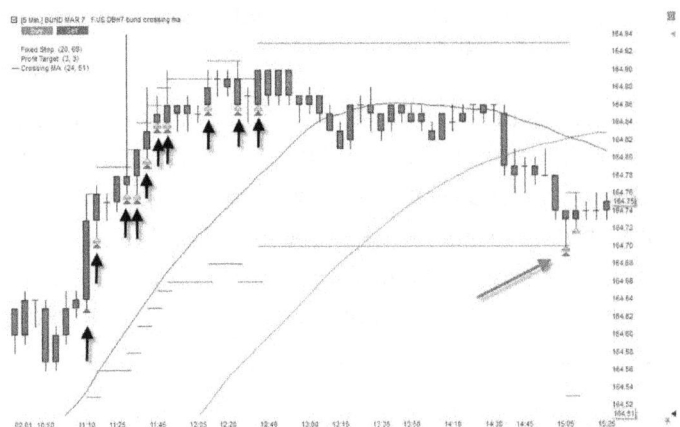

Als Einstellung für den Crossing Moving Average wählte ich 24,51. Die blaue Linie (oben) ist der schnelle MA und die Magenta Linie (unten) der langsame MA. In diesem Fall lag der blaue MA über dem Magenta MA. Es wurden also nur Long-Positionen eröffnet (Pfeile).

Das Kursziel habe ich auf 3 Tics festgesetzt, während die Stop-Loss-Order bei 20 Tics lag.

Da sich der Bund-Future für die gewählte Periode des Tests (2006-2017) mehrheitlich in einem steigenden Trend befand, habe ich mir auch die Test-Ergebnisse für **Long only** angeschaut. Das heisst, in diesem Fall änderte ich die Parameter von Long-Short auf Long only. Daraufhin wurden die Ergebnisse des Tests angezeigt, hätte man nur Long gehandelt. Die Ergebnisse waren in der Tat viel besser, als wenn man auch die Short-Seite gehandelt hätte.

Ich empfehle auf jeden Fall solche kleine Änderungen bei den Tests durchzuführen. Man bekommt manchmal überraschende Ergebnisse. Es gibt Strategien, die in einem bestimmten Markt in der Tat besser abschneiden, wenn man sie nur Short oder Long handelt. Long-Short gleichzeitig ergibt nicht immer das optimale Ergebnis.

In dem obigen Beispiel eröffnete das System an dem Tag zehn Long-Positionen. Die ersten neun Trades erreichten oft schon nach weniger als 5 Minuten alle das Kursziel von 3 Tics. In dem Fall erzielte die Strategie 9 mal 30 Euro, also 270 Euro Gewinn vor Gebühren. Das Kursziel wird durch den grünen horizontalen Strich über der Kerze dargestellt.

Bei dem zehnten Trade allerdings wurde das Kursziel nicht erreicht. Nach einigen Stunden wurde sogar die Stop-loss-Order ausgelöst (rote horizontale Linie unterhalb der Kerzen, roter Pfeil). In diesem Fall generierte das System einen Verlust von 20 Tics oder 200 Euro. Das Brutto-Ergebnis für diesen Handelstag war also:

270 (9 x 30) − 200 (1 x 200) = 70 Euro

Bild 3: Performance Histogramm, Bund-Future vom 10.12.2016 bis 3.1.2017

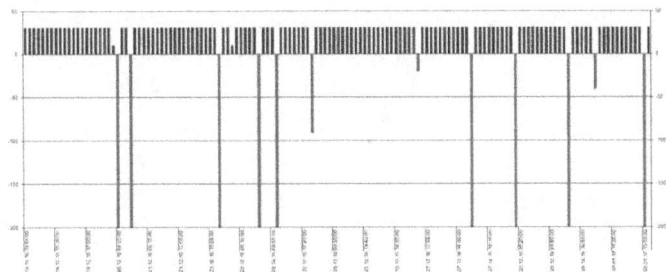

Das Performance Histogramm in Bild 3 veranschaulicht, wie das System handelt. Die kleinen blauen Balken oben stellen die Gewinn-Trades dar, während die roten Balken unten die Verlust-Trades symbolisieren. Wie zu erwarten sind die Gewinn-Trades auf Grund des kleinen Kursziels deutlich in der Mehrzahl. Das Kursziel von 3 Tics wird (fast) immer erreicht.

In der Zeit vom 10. Dezember 2016 bis 3. Januar 2017 wurde allerdings auch neun Mal der Stop von 20 Tics erreicht. Es gab aber auch drei Verlust-Trades, bei denen dies nicht der Fall war. Hier wurde die Position vom System geschlossen, bevor der Markt den Stop erreichte. Da es um ein reine Intraday- Handelsstrategie ging, habe ich einen „Block" im System implementiert. Dieser bewirkt, dass alle offenen Trades um 18.00 Uhr geschlossen werden und keine neuen Trades mehr eröffnet werden dürfen. Diese Schutzmaßnahme ist notwendig, um die Performance vor unnötigen Verlusten durch „Gaps", also Kurslücken zu schützen.

Wenn ich ein Kursziel von 3 Ticks wähle, heisst dies, dass ich auch möchte, dass das Ziel schnell und problemlos erreicht wird. In dem obigen Beispiel hat dies in neun der zehn Versuche auch ausnahmslos gut geklappt. Nur bei dem zehnten Trade, musste ich einen Verlust akzeptieren. Hätte der Trader die Strategie vollautomatisch gehandelt, wäre die Stop-Loss-Order bei dem zehnten Trade auf jeden Fall ausgelöst worden.

Handelt der Trader semi-automatisch, hätte er natürlich den Verlust begrenzen können, sobald klar wurde, dass der Trade nicht funktioniert. Hier kommt natürlich eine subjektive Komponente ins Spiel. Wann der Trader „weiss", dass der Trade „nicht funktioniert", zumal weder das Kursziel noch der Stop erreicht wurde, liegt natürlich in seinem Ermessen (Erfahrung).

Allerdings: die Strategie ist genau darauf angelegt, dass das Kursziel schnell und unkompliziert erreicht wird, was in den meisten Fällen (meist 5 bis 10 Minuten) auch geschieht. Hat ein Trade das Kursziel nach 30 Minuten immer noch nicht erreicht und steht zum Beispiel 5 Tics im Minus, ist es meines Erachtens zwingend erforderlich, dass der Trader über Verlustbegrenzung nachdenkt. Wenn Sie ein 3-Tics-Sammler im Bund-Future sind, macht es einfach keinen Sinn, länger als eine Stunde auf einen Trade zu schauen, der einfach nicht funktioniert.

Schafft der Trader es, solche Trades zu schließen bevor die Stop-Loss-Order erreicht wird, wird er sein Gesamtergebnis bedeutend steigern können. Hin und wieder wird die Stop-Loss-Order durch eine schnelle Bewegung ausgelöst werden. Das kann man nicht verhindern. Aber die Ergebnisse eines guten semi-automatischen Traders sehen in der Regel viel besser aus als das, was das vollautomatische System leistet. Dieses handelt natürlich konsequent weiter ohne Rücksicht auf das Marktgeschehen.

Wer sich die Zeit zum eigenen Handeln nicht nehmen möchte, kann auf ein weiteres Instrument des automatisierten Risikomanagements zurückgreifen: den Zeit-Stop. Der Vorteil des Zeit-Stops ist nun genau, dass er einen Trade nach einer vorab eingegebenen Periode schließt. Bei dieser Strategie könnten dies zum Beispiel 30 oder 60 Minuten sein. Ein Zeit-Stop wird natürlich auch hin und wieder verhindern, dass das Kursziel dennoch erreicht wird. Er wird aber öfter verhindern, dass der Trade in den Stop läuft, weswegen man über seinen Einsatz durchaus nachdenken kann.

Bild 4: Ergebnisse backtest Bund Future Crossing MA Juli 2006 – Januar 2017

total net profit:	124495.06
total # of trades:	29069
winning trades:	25200
losing trades:	3869
percent profitable:	86.69%
profit factor:	1.20
avg win/avg loss:	0.18
Avg trade (win & loss):	4.28
percent in the market:	28.92%
RegCoeff*100/StdDev Equity:	0.0000
gross profit:	756297.06
gross loss:	631802.00
largest winning trade:	250.00
avg winning trade:	30.01
avg # bars in winners:	3.26
largest losing trade:	290.00
avg losing trade:	163.30
avg # bars in losers:	12.09
max consecutive winners:	61
max consecutive losers:	5
Std.Dev. all trades:	69.96
Std.Dev. winning trades:	2.79
Std.Dev. losing trades:	65.78
max # shares/contracts:	1
max drawdown:	5301.66
Commission paid:	0.00
Expectancy:	0.0262
Expectancy Score:	0.0017
Happiness Factor:	25.50
Performance/Drawdown:	23.48
Expectation:	4.28
evaluation start:	18.07.06 Tue 08:00
evaluation stop:	03.01.17 Tue 19:00

Ich habe für die Periode 18. Juli 2006 bis 3. Januar 2017 einen Backtest durchgeführt, dessen Ergebnis Sie im Bild 4 sehen. Insgesamt wurde ein Brutto-Gewinn von 124.495,05 Euro erzielt. Vorausgesetzt man hätte die ganze Periode mit nur einem Kontrakt gehandelt. Zu den Trading-Kosten komme ich gleich zu sprechen.

In dieser Zeit wurden insgesamt 29.069 Trades durchgeführt. Dies hört sich nach viel an, aber auf einer Handels-Periode von 10 Jahren sind dies in etwa 15 Trades pro Tag. Diese Frequenz darf man bei dem kleinen Kursziel durchaus erwarten, sodass man auch von einem Scalping-System reden kann.

Davon nun waren immerhin 25.200 Trades Gewinn-Trades. Dies entspricht einer Trefferquote von 86,89%. Lediglich 3869 Trades endeten in einen Verlust. Wie zu erwarten lag der durchschnittliche Gewinn-Trade bei 30 Euro. Dies entspricht genau 3 Ticks Gewinn im Bund-Future.

Es gab dennoch einige Ausnahmen. Der größte Gewinn-Trade lag bei 250 Euro oder 25 Ticks. Dies kann zum Beispiel die Folge einer schnellen Bewegung sein, bei der der Take-Profit-Order zu einem viel besseren Preis ausgeführt wurde, als der Trader ursprünglich beabsichtig hatte. Manchmal wirkt Slippage (schlechtere oder bessere Orderausführung) auch im Vorteil des Traders.

Der größte Verlust-Trade lag bei 290 Euro, also 9 Tics mehr als der festgesetzte Stop-Loss von 20 Tics. Slippage kann bei extremen Bewegungen auch in einem sehr liquiden Futures-Markt wie der Bund Future durchaus vorkommen. Insbesondere geschieht dies bei wichtigen Wirtschaftsnachrichten oder Mitteilungen der Notenbanken. Sollten Sie sich dazu entschliessen diese Strategie selbst zu traden, sollten Sie versuchen keine Positionen im Umfeld solcher wichtigen Ereignisse zu halten.

Interessant ist der durchschnittliche Verlust-Trade, der hier bei 163,30 lag. Es wurde also durchaus nicht immer den Stop-Loss-Kurs erreicht. Diese Zahl ist bei dieser Betrachtung womöglich die Wichtigste. Schafft der Trader es, sie weiter zu reduzieren, könnte er die Profitabilität der Strategie bedeutend steigern. Denn um die Gewinner braucht er sich gar nicht zu kümmern (im Gegensatz zu den meisten anderen Strategien).

Erfreulich ist natürlich auch die Anzahl der Gewinn-Reihen. Bei diesem Test konnten einmal beeindruckende 61 Gewinn-Trades nacheinander verzeichnet werden. Dies ist genau die Stärke dieses Ansatzes. Demgegenüber steht die größte Verlustreihe von lediglich fünf aufeinanderfolgenden Verlust-Trades. Dies scheint mir verkraftbar, vor allem wenn der Trader es auch noch schafft, diese Verluste zu minimieren.

Wie bereits erwähnt: kein System kommt ohne Drawdown-Phasen aus. Ein Drawdown stellt den maximalen kumulierten Verlust innerhalb einer betrachteten Periode dar. Es kann zum Beispiel sein, dass ein bestimmtes System innerhalb eines Jahres 100 % Gewinn erwirtschaftet. Innerhalb dieser Periode kann es aber durchaus „Schwankungen" geben. Zum Beispiel könnte das System in Juli und August 15 % Verlust im Vergleich zum Juni-Stand erleiden. In dem Fall würde man von einem maximalen Drawdown von 15 % reden. Der Trader oder Investor kann dann entscheiden, ob er mit solchen vorübergehenden Verlust-Perioden in der Größenordnung leben kann oder nicht. Kann er es nicht, muss er entweder auf das Trading-System verzichten oder die Risiko-Parameter verändern, damit der prozentuale Drawdown kleiner ausfällt.

Der maximale Drawdown lag mit 5301,66 im überschaubaren Bereich. Im Verhältnis zum Brutto-Gewinn von 124.495 Euro ist er fast zu vernachlässigen. Das heisst, der Trader wäre in der glücklichen Lage, dass die Strategie den Kontostand fast kontinuierlich steigert, ohne nennenswerte Rückschläge.

Soweit konnte mich das Ergebnis des Backtest überzeugen. Schaue ich mir aber den Profit-Faktor an, stelle ich fest, dass dieser lediglich bei 1,20 liegt. Was sagt nun der Profit Faktor über ein Trading-

System aus? Er ist eine Aussage darüber, wieviel Risiko wir bereit zu nehmen sind, um eine bestimmte Rendite zu erzielen. Wie wird der Profit-Faktor berechnet? Ganz einfach: Sie addieren die Gesamt-Gewinne und teilen diese durch die Gesamt-Verluste.

Profit-Faktor = (Summe der Gewinne) / (Summe der Verluste)

In unserem Test hieße dies:

Profit Faktor = (756.297,06) / (631.802) = 1,197

Zwar erzielt das System Profit (der Faktor liegt über 1!), aber um diesen Profit zu erwirtschaften, braucht es dazu ein überdurchschnittliches Risiko. Wir riskieren nämlich über 600.000 Euro um lediglich 756.297 Euro Brutto-Gewinn zu erzielen, was sehr hoch ist.

Natürlich hat dieses ungünstige Verhältnis mit der Art des Trading-Systems zu tun, das ich gewählt habe. Trading-Systeme, die auf der Trendfolge-Philosophie basieren, erzielen in der Regel höhere Profit-Faktoren. Da unser Kursziel denkbar klein ist, und der Stop-loss möglichst weit weg vom Entry-Preis, scheint es, als würden wir viel riskieren, um einen kleinen Gewinn zu erzielen. Dies ist aber genau die Prämisse unseres Systems, die das psychologische Bedürfnis der meisten Trader, schnelle und kleine Gewinne zu erzielen, nicht verteufelt, sondern ernst nimmt.

In Trader-Kreisen wird demnach immer wieder ein Profit-Faktor, der über 2 liegt, als ein Kennzeichen von „gutem Trading" angesehen. Es ist klar, dass dies nur mit positiven Chance-Risiko-Verhältnissen von 1:2 oder 1:3 zu erreichen ist. Ausserdem sollte der Trader dann auch noch eine überdurchschnittliche Trefferquote erzielen. Dass solche Kennzahlen nur in den seltensten Fällen auch tatsächlich und zwar kontinuierlich erreicht werden, wird dabei gerne verschwiegen.

Solange mein System profitabel ist und auch kontinuierlich Gewinne produziert, kann ich als Trader mit einem Profit Faktor von 1.20 durchaus leben. Es kommt ja schließlich immer darauf an, was man von seinem System erwartet.

Viel problematischer bei dem Backtest scheint mir der Erwartungswert pro Trade (Expectation) des Systems. Diese fiel mit 4,28 recht niedrig aus. Diese Zahl sagt uns, wieviel Gewinn pro Trade wir auf längerer Sicht (hier zehn Jahre) erwarten dürfen. Wie berechnet man nun den Erwartungswert eines Systems?

Erwartungswert: (Trefferquote x durchschnittlicher Gewinn pro Trade) − ((1-Trefferquote) x durchschnittlicher Verlust pro Trade)

Erwartungswert: 0,87 * 30 Euro − (1-0,87) * 163 Euro = 4,91 Euro

Je nach Berechnungsweise bekomme ich einen durchschnittlichen Gewinn zwischen 4 und 5 Euro, den ich mit dieser Strategie auf lange Sicht erwarten kann. Hier kommen nun die Tradingkosten ins Spiel. Die Kosten pro Roundturn im Futures-Handel liegen bei den meisten Brokern aktuell zwischen 4 und 5 Euro

Zahlen Sie pro Roundturn zum Beispiel 4,40 Euro (2,20 Euro pro Transaction) und müssen darüber hinaus eine Börsengebühr von $ 1,17 zahlen, kommen Sie mit einem durchschnittlichen Trade oder Erwartungswert von 4,91 Euro natürlich nicht auf einen grünen Zweig. Im Gegenteil Sie zahlen drauf. Das heisst im Klartext: so erfolgsversprechend unser System aussah, so nüchtern müssen wir erkennen, dass wir bei diesem niedrigen Erwartungswert nach Abzug der Kosten keinen Gewinn erzielen können.

Sogar, wenn Sie einen Broker finden, der Ihnen sehr günstige Konditionen anbietet (unter $1 pro Transaktion) werden Sie es schwer haben, bei einem solchen Erwartungswert profitabel zu traden. Es ist daher unerlässlich, dass wir entweder den Erwartungswert unseres Systems erhöhen. Alternativ müssten wir uns ein anderes System suchen. Wir wollen hier die erste Variante weiter untersuchen, denn noch haben wir unser einfaches Crossing MA-System nicht optimiert. Bevor wir aber zum zweiten Test übergehen schauen wir uns noch die

Kapitalkurve des ersten Tests unseres Bund Futures Crossing MA-Systems an.

**Bild 5: Bund-Future Crossing-MA, Equity Curve
2006 – 2017**

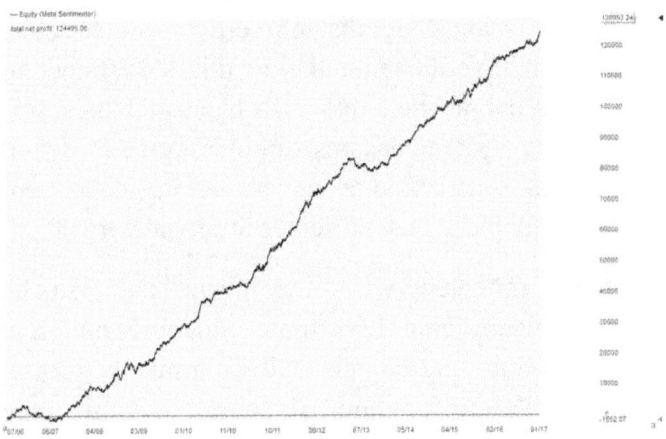

Auf dem ersten Blick sieht die Kapitalkurve unseres Bund Future-Systems sehr gut aus. Es gibt kaum nennenswerte Einbrüche, und die Drawdowns hielten sich, wie bereits erwähnt, sehr in Grenzen. Da dies aber eine Kapitalkurve ist, die sich über 10 Jahre erstreckt, müssen wir beim genaueren Hinsehen doch einige Schwierigkeiten feststellen. So brauchte das System am Anfang (unten links) über ein Jahr um überhaupt in die Profitabilität zu kommen. Es legte gleich am Anfang einen ordentlichen Drawdown hin, der zwar finanziell kaum nennenswerte Einbußen verursachte, dennoch über 12 Monate dauerte.

Auch in 2013 konnte das System keine nennenswerten Gewinne erzielen und blieb an der 8000 Euro-Marke stecken. Das ist zwar kein Beinbruch, aber welcher Trader ist in der Lage, sein System ein Jahr lang diszipliniert zu traden ohne einen Cent zu verdienen und ohne mit der Wimper zu zucken? Wir brauchen also auch hier auf Jahresbasis ein Trading-System, das uns zumindest einen Gewinn verspricht, sonst könnte es passieren, dass dem Trader schnell die Lust an seiner Strategie vergeht.

Dennoch möchten wir hinzufügen, dass solche Phasen, indem eine bestimmte Strategie nun mal keine Gewinne erzielt, als völlig normal betrachtet werden müssen. Trading ist selten oder nie eine Einbahnstrasse. Zwar können wir versuchen, eine Strategie zu entwickeln, die uns zumindest auf Jahresbasis einen Gewinn verspricht. Garantieren kann Ihnen das kein System. In Bezug auf „Einkünfte" ist Trading wahrhaftig etwas, dass man langfristig betrachten muss, was auch diese Kapitalkurve eindrücklich zeigt.

Zweiter Test: E-Mini, Crossing-Moving-Average-Strategie

Da ich den gewünschten Erfolg im Bund-Future nicht erreicht hatte, versuchte ich nun mein Glück im E-Mini-Future, dem bekannten Future auf den amerikanischen Index SP500.

Bild 6: E-Mini, 5-Minuten-Chart

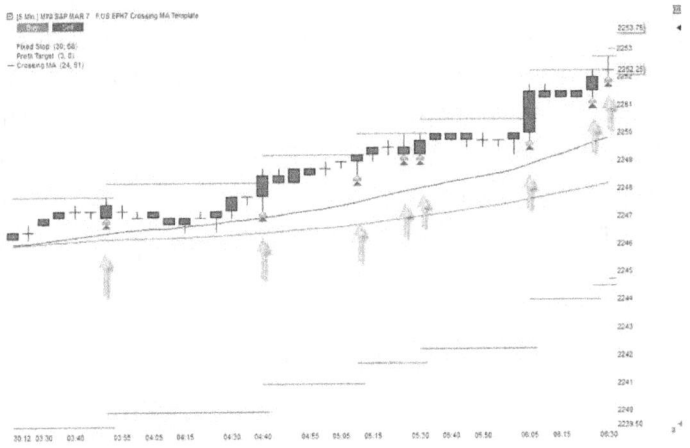

An den Einstellungen des Crossing-Moving-Average änderte ich erstmal nichts. Die Einstellung der beiden Moving Averages beließ ich auf 24,51. Bezüglich des Kursziels wählte ich für diesen Test ebenfalls 3 Tics. Lediglich beim Stop gab es eine Änderung. Diesen setzte ich nun auf 30 Tics, was im E-Mini meist eine ordentliche Distanz zum aktuellen Markt bedeutet. Auch hier wählte ich einen Long-Only-Ansatz, weil sich auch der SP500 langfristig in einem Aufwärtstrend (Stand Januar 2017) befindet. Die Wahrscheinlichkeit, dass Kursziele auf der Long-Seite schneller erreicht werden als auf der Short-Seite, schien mir einfach größer.

Im Bild 6 sehen wir, wie das System ähnlich arbeitet wie im Bund-Future. Das Kursziel von 3 Tics wurde bei den ersten acht Long-Trades (grüne Pfeile) relativ schnell erreicht. An den roten horizontalen Linien unten sehen Sie, dass an diesem Handelstag keiner dieser Trades auch nur annähernd in die Nähe der Stops gelangten. Das Kursziel von 3 Tics ($ 37,50 pro gehandeltem Kontrakt) dagegen wurde meist innerhalb von 30 Minuten erreicht.

Bild 7: Performance Histogramm 10.12.2016 – 30.12.2016

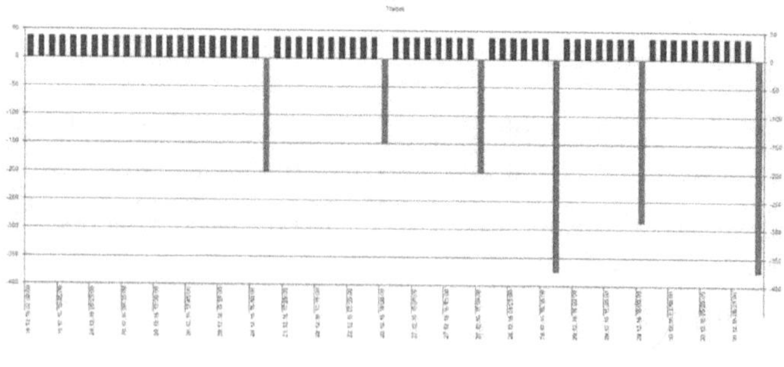

Ein ähnliches Bild zeigt sich wie im Bund-Future, wenn wir einen Blick auf das Performance-Histogramm für eine Periode von 3 Wochen werfen. Die meisten Trades erreichten das Kursziel und waren Gewinner (kleine blaue Balken oben). Es gab in dieser Periode dennoch sechs Verlust-Trades, von denen lediglich zwei den Stop-Loss erreichten (entspricht einem Verlust von $ -375). Die vier kleineren Verlust-Trades wurden vorzeitig vom System beendet.

Bild 8: Backtest E-Mini, Juli 2011 – Dezember 2016

total net profit:	86662.50
total # of trades:	16412
winning trades:	14776
losing trades:	1636
percent profitable:	90.03%
profit factor:	1.19
avg win/avg loss:	0.13
Avg trade (win & loss):	5.28
percent in the market:	45.77%
RegCoeff*100/StdDev Equity:	0.0000
gross profit:	554337.50
gross loss:	467675.00
largest winning trade:	225.00
avg winning trade:	37.52
avg # bars in winners:	8.45
largest losing trade:	375.00
avg losing trade:	285.86
avg # bars in losers:	31.83
max consecutive winners:	64
max consecutive losers:	4
Std.Dev. all trades:	106.22
Std.Dev. winning trades:	2.96
Std.Dev. losing trades:	137.64
max # shares/contracts:	1
max drawdown:	9062.50
Commission paid:	0.00
Expectancy:	0.0184
Expectancy Score:	0.0008
Happiness Factor:	10.63
Performance/Drawdown:	9.56
Expectation:	5.28
evaluation start:	13.07.11 Wed 00:00
evaluation stop:	30.12.16 Fri 22:55

Auch der Backtest im E-Mini verlief positiv. Da wir hier nur Daten bis Juli 2011 hatten, haben wir also lediglich einen Test für die vergangenen 5 Jahre durchführen können. Immerhin führte das System in dieser Periode 16.412 Trades durch. Deswegen betrachte ich diese Daten als statistisch signifikant genug, um uns ein Bild dieser Strategie im E-Mini machen zu können.

Insgesamt erwirtschaftete das System einen Gewinn von $ 86.662,50. Es gab 14.776 Gewinn-Trades und lediglich 1636 Verlust-Trades. Dies entspricht einer Trefferquote von 90,03%. Wie zu erwarten lag der durchschnittliche Gewinn-Trade nahe beim Kursziel, nämlich bei $ 37,50. Der durchschnittliche Verlust-Trade lag mit $ 285,86 bedeutend unter der Stop-Loss-Schwelle von $ 375. Der größte Verlust-Trade war im Übrigen $ 375, was wirklich für diesen Markt spricht. Wenn bei den Verlust-Trades kein einziges Mal Slippage auftauchte, deutet dies auf eine tiefe Liquidität dieses Marktes hin, weswegen der E-Mini bei Tradern auch so beliebt ist.

Immerhin gab es auch hier stattliche Gewinn-Reihen. Die längste verzeichnete 64 Gewinn-Trades in einer Reihe. Die längste Verlust-Reihe hatte 4 Trades. Auch dies sind sehr gute Daten. Der maximale Drawdown lag mit $ 9062.50 etwas höher als im Bund-Future, aber im Hinblick auf den Gesamt-Gewinn kann man gut damit leben.

Etwas Kopfschmerzen bereitete mir erneut die bereits im Bund-Future erwähnten Kennzahlen Profit-Faktor und Erwartungswert. Diese fallen hier ähnlich aus. Der Profit-Faktor war mit 1.19 auch relativ schwach. Auch der Erwartungswert oder der durchschnittliche Gewinn pro Trade ist mit $ 5,28 (Pfeil) zu niedrig um wirklich profitabel traden zu können.

Ich musste also einige Veränderungen an den Parametern vornehmen, wenn ich das System im E-Mini profitabel traden wollte. Zunächst schauen wir uns noch die Kapitalkurve dieses Testes an.

Bild 9: E-Mini Equity Curve, 2011 - 2016

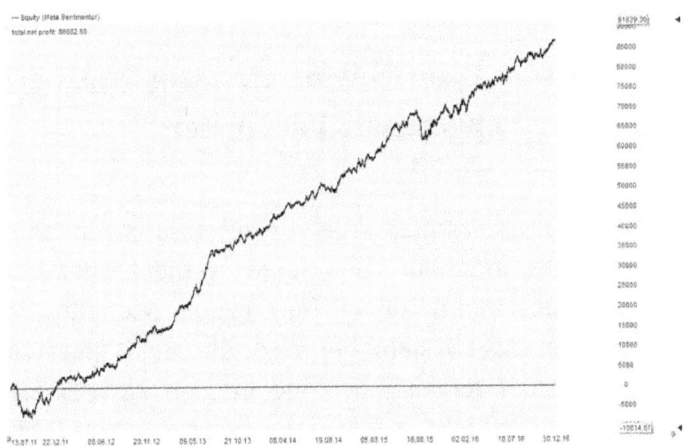

Auch hier zeigt die Kapitalkurve durchaus in die gewünschte Richtung. Wie bereits erwähnt hielten sich die Drawdowns in Grenzen. Viele Trader würden für eine solche Kapitalkurve vorab zeichnen. Dennoch startete das System Mitte Juli 2011 gerade mit einem Drawdown (links unten im Chart, die blaue Linie ist die 0-Linie). Es dauerte also einige Monate, bis das System anfing, Geld zu verdienen. Dies zeigt klar, dass Drawdown zu jeder Zeit auftreten können, auch wenn man gerade anfängt zu traden. Im Jahr 2015 war es nochmal so weit. Allerdings konnte die Strategie die aufgelaufenen Verluste relativ schnell wieder aufholen. Soweit alles im Lot.

Dritter Test: E-Mini, Crossing MA, angepasste Parameter

Damit wir ein besseres Ergebnis mit unserer Strategie erzielen, ermöglicht uns gute Handelssoftware, sogenannte Optimierungen für einzelne oder für alle Parameter des Systems durchzuführen. Wenn ich zum Beispiel herausfinden möchte, ob ich bessere Ergebnisse erziele, wenn ich ein etwas größeres Kursziel wähle, kann das System einen Test mit diesem veränderten Kursziel durchführen. Das System könnte zum Beispiel herausfinden, dass man bessere Resultate erzielt, wenn man ein Kursziel von 5 Tics statt 3 Tics wählt. Das gleiche gilt natürlich auch für den Stop oder für die Einstellungen des Indikators, der dem System die Signale gibt.

Der Backtest selbst gibt jedoch keinen Hinweis darauf, mit welchen Parametern unser System die stabilsten Ergebnisse generiert. Wenn man sich an das Optimieren von Handelssystemen macht, lauert immer die Gefahr der Überoptimierung, des sogenannten Curve-Fitting (Anpassung von Parametern an den historischen Datensatz). Ein System das stark "Curve-Fitted" ist, ist scheinbar optimal an die Daten der Vergangenheit angepasst, versagt dann aber meist, sobald man es real zu traden beginnt.

Die eigentliche Frage lautet aber: wo beginnt Curve-Fitting? Dies ist bei Systementwicklern ein immer wieder diskutiertes Thema. Es ist deswegen auch nicht pauschal zu beantworten. Wenn Sie ein automatisches Handelssystem sehen, dass fast zu schön scheint um wahr zu sein, sollten Sie zumindest kritisch sein (vor allem, wenn dafür viel Geld verlangt wird!). Diese Erfahrung haben leider viele Trader machen müssen, die eine sogenannte Black Box gekauft haben, die Ihnen das Blaue vom Himmel versprach. Sie mussten dann bald feststellen, dass das System nicht die versprochene Rendite erwirtschaftet, so wie es auf der Verpackung stand.

Da ich in diesem Buch nicht vorhabe, dem Leser das reine automatische Handeln zu empfehlen, gehe ich auch nicht tiefer auf diese Frage ein. Entscheidend war für mich zu prüfen, ob ich das System, das ohne Optimierung bereits ein positives Ergebnis zeigt, durch kleine Optimierungen verbessern kann.

Wie bereits mehrmals erwähnt liegt die entscheidende Optimierung in der Fähigkeit des Traders, die Verlust-Trades rechtzeitig zu erkennen und zu minimieren. Gelingt es dem Trader zum Beispiel 30% dieser Trades früher zu schliessen, würde sich das erwünschte Ergebnis einstellen.

Bei einem neuerlichen Test des Crossing-MA-System im E-Mini-Future habe ich zwei Parameter geändert. Ich habe das Kursziel der Long-Positionen von 3 auf 2 Tics gesetzt. Die Kritiker einer solchen Entscheidung mögen argumentieren, dass dies ein extrem kleines Kursziel ist, zu dem die Trading-Kosten in keinem vernünftigen Verhältnis mehr stehen. Ich werde diesen Einwand mit einem nüchternen Blick auf die Daten entkräften. Den Stop habe ich dagegen in fast unerreichbarer Ferne des Marktgeschehens gesetzt, nämlich auf 100 Tics Distanz zum Einstieg. Auch dies ist eine radikale Entscheidung, die man durchaus kritisieren kann. Wer nur 2 Tics gewinnen will und dafür 100 Tics riskiert, arbeitet natürlich mit einem extrem negativen Chance-Risiko-Verhältnis. Diese Entscheidung ist also das krasse Gegenteil von dem, was gemeinhin empfohlen wird.

Diese letzte Entscheidung hat natürlich weitgehende Konsequenzen. Zum einen hoffe ich dadurch, dass der Stop nur in seltensten Fällen erreicht wird. Wird er Stop ausgelöst, verursacht er natürlich gleich einen ordentlichen Verlust, nämlich $ 1237.50 pro Kontrakt, was natürlich jedes Mal einen Riss durch die Kapitalkurve zieht. Andererseits lautet die eigentliche Frage: wie oft würde ein solches Ereignis eintreten, und was bedeutet es für das Wachstum meiner Equity-Curve?

Die einzige Optimierung, die ich dann vom System tatsächlich habe ausführen lassen, bezog sich auf die Parameter der Crossing-Moving-Averages. Bis jetzt hatte ich die Einstellung 24,51 benutzt. Nach einem Test stellte sich aber heraus, dass die Einstellung 42,92 bessere Ergebnisse ergibt.

Bild 10: E-Mini, 5-Minuten-chart

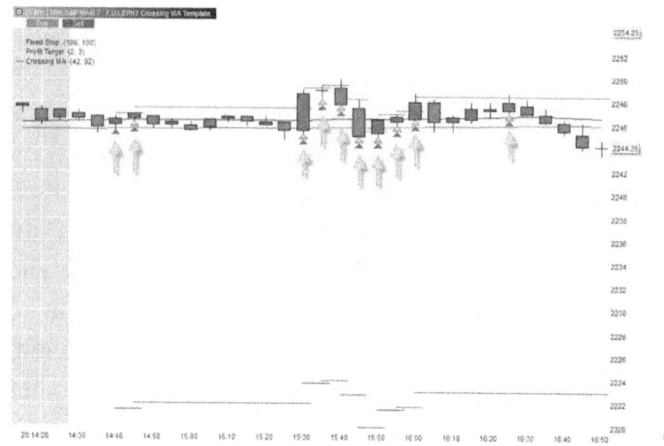

Hier sehen wir das optimierte System am Werk. Die roten horizontalen Linien unten sind die jeweiligen wartenden Stop-Loss-Orders, die auf einem sicheren Abstand zum Kursgeschehen liegen. An dem Tag, an dem ich diesen Screenshot gemacht habe, wurde keine dieser Orders ausgelöst. Insgesamt wurden zehn Long-Positionen eröffnet (grüne Pfeile), von denen die ersten neun das Kursziel erreichten. Die zehnte Long-Position wurde vom System erst am Ende des Handelstages (22.00 Uhr) mit einem Verlust von 23 Tics oder 287.50$ geschlossen.

Ein Verlust in dieser Grössenordnung wäre meiner Meinung nicht nötig gewesen. Immerhin blieb die Position über anderthalb Stunden offen, was bei dieser Strategie einfach zu lang ist. Ein Trader hätte die Position früher schliessen und den Verlust begrenzen können. Dies wird nicht immer gelingen, aber immer wieder. Wir schauen uns das Verhältnis Gewinner/Verlierer auf dem Performance-Histogramm an.

Bild 11: E-Mini, Performance Histogramm 10 Dezember 2016 – 4 Januar 2017

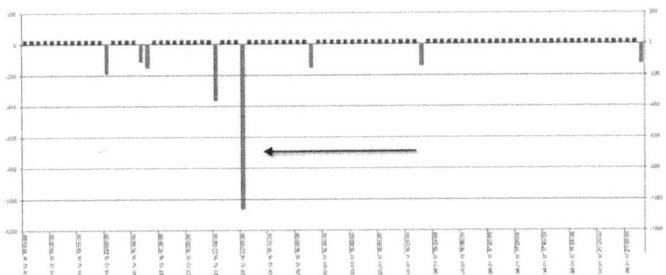

Auf dem Performance-Histogramm vom 10. Dezember bis 4. Januar 2017 sehen wir genau die angesprochene Problematik. Die allermeisten Trades gehen wie erwartet in den Gewinn (blaue Balken oben). Um diese hat sich der Trader nicht zu kümmern. Sein ganzes Können würde sich also im Management der Verlust-Trades zeigen. Deshalb schauen wir uns den einen großen Verlust ($ 1062.50, Pfeil) vom 28 Dezember 2016 etwas genauer an.

Bild 12: Verlust-Trade vom 28. Dezember 2016

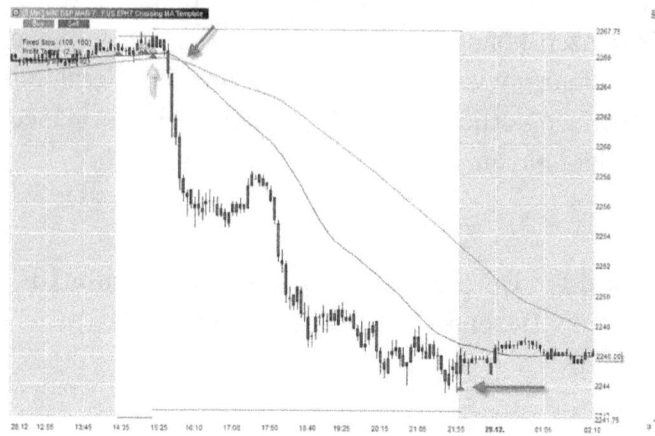

Wie im Chart deutlich zu sehen wurde die Long-Position am frühen Nachmittag des 28. Dezember eröffnet (grüner Pfeil links oben). Zu der Zeit ging der Markt noch seitwärts und einige vorangehenden Long-Trades wurden bereits erfolgreich geschlossen. Entscheidend bei diesem Trade scheint mir, dass der Markt 15 Minuten nachdem die Long-Position eröffnet wurde, schlagartig nach unten wegbrach (rote Candles im Chart nach dem Entry). Ausserdem wechselte der Crossing MA-Indikator von Long auf Short. Spätestens hier hätte der Trader eingreifen und die Position schliessen müssen. Er wäre mit einem Verlust von $ 200 – 300 statt $ 1062,50 davon gekommen.

Da ein vollautomatisiertes System eine solche Situation natürlich nicht beurteilen konnte, blieb es in der Position bis zum Handelsschluss. Da wurde sie dann mit großen Verlust (am Tagestief und nur knapp über der Stop-Loss-Order) geschlossen.

Zum einen ist es völlig entgegen der Philosophie dieser Strategie eine Position über mehrere Stunden zu halten, vor allem nicht weil das Kursziel denkbar klein ist. Zum anderen wäre es natürlich schlechtes Risikomanagement, wenn ein Trader hier nicht eingreifen würde. Er MUSS eine solche Position früher schliessen, um den Schaden zu begrenzen. Kann er dies nicht, dann ist es in der Tat besser vollautomatisch zu traden und es dem Computer zu überlassen, wie gehandelt wird.

Der einzige Grund selber (semi-automatisch) zu handeln, kann nur sein, dass ein Trader bessere Ergebnisse erzielen kann als das vollautomatische System. Dieses Beispiel zeigt anschaulich, dass dies sehr wohl möglich ist. Selbst ein Begrenzen des Schadens auf die Hälfte (Verlust von $ 500) würde das Gesamtergebnis des Systems bereits erheblich verbessern. Und darum geht es.

Bild 13: E-Mini, zweiter Backtest 2011 - 2017

total net profit:	157250.00
total # of trades:	17144
winning trades:	16309
losing trades:	835
percent profitable:	95.13%
profit factor:	1.62
avg win/avg loss:	0.08
Avg trade (win & loss):	9.17
percent in the market:	17.56%
RegCoeff*100/StdDev Equity:	0.0000
gross profit:	412362.50
gross loss:	255112.50
largest winning trade:	1225.00
avg winning trade:	25.28
avg # bars in winners:	2.56
largest losing trade:	1337.50
avg losing trade:	305.52
avg # bars in losers:	31.33
max consecutive winners:	129
max consecutive losers:	3
Std.Dev. all trades:	103.35
Std.Dev. winning trades:	11.21
Std.Dev. losing trades:	335.91
max # shares/contracts:	1
max drawdown:	5700.00
Commission paid:	0.00
Expectancy:	0.0298
Expectancy Score:	0.0013
Happiness Factor:	30.76
Performance/Drawdown:	27.59
Expectation:	9.17
evaluation start:	18.07.11 Mon 00:00
evaluation stop:	05.01.17 Thu 12:25

Bei diesem zweiten Backtest mit veränderten Parametern führte das System insgesamt 17.144 Trades durch. Davon waren 16.309 profitabel, was einer Trefferquote von 95,13 % entspricht. Der Brutto-Gewinn lag bei $ 157.250,00. Der durchschnittliche Gewinn-Trade lag wie erwartet bei $ 25.28. Dies ist etwas höher als das Kursziel von $ 25, was auf etwas Slippage zum Vorteil des Traders schließen lässt. Der durchschnittliche Verlust-Trade lag mit $ 305.52 etwas höher als beim ersten Test. Die längste Gewinnreihe erreichte sagenhafte 129

Gewinn-Trades in einer Reihe. Dagegen war die längste Verlust-Reihe lediglich 3 Trades lang.

Der Maximale Drawdown lag mit $ 5700 im vertretbaren Bereich. Erfreulich besser schnitt der Test in Bezug auf den Profit-Faktor ab. Mit 1.62 ist dieses System deutlich weniger risikovoll als das Vorherige. Dies erscheint paradox, riskiere ich doch 100 Tics um nur 2 Tics zu gewinnen. Dennoch bescheinigt mir der Test für diesen Ansatz ein geringeres Risiko. Offenbar bewahrheitet sich meine Vermutung, dass man den Stop möglichst weit weg vom Marktgeschehen setzen sollte, um profitabel traden zu können. Auch dies ist eine Erkenntnis, die das Gegenteil empfiehlt von dem was gemeinhin in der Trading-Literatur empfohlen wird.

Endlich erzielte das System auch bezüglich des durchschnittlichen Gewinns ein befriedigendes Ergebnis. Der Erwartungswert lag mit $9.17 deutlich über dem Ergebnis des ersten Testes. Wenn man das kleine Kursziel von 2 Tics in Betracht zieht, was einen maximalen Gewinn von $ 25 bei den Gewinnern verspricht, ist dies ein gutes Ergebnis, das sich auch nach Abzug Kosten durchaus profitabel traden lässt.

Eine Kennzahl, die ich bislang noch nicht besprochen habe ist die sogenannte „average bars in winners", also die Anzahl der 5-Minuten-Kerzen die die Gewinn-Trades im Schnitt brauchen, um das Kursziel zu erreichen. Bei den Gewinn-Trades ist dies wie erwartet niedrig, nämlich 2,56 Kerzen. Das heisst, der Gewinn-Trade braucht im Schnitt in etwa 13 Minuten um das Ziel zu erreichen. Bei den Verlust-Trades sieht die Zahl naturgemäss ganz anders aus. Im Schnitt dauerte es bis zu 31.33 Kerzen bis der Verlust-Trade geschlossen wurde. Das ist in etwa 2,5 Stunden und für den semi-automatischen Handel eindeutig zu lang. Diese Daten zeigen ebenfalls, dass sich die Ergebnisse eindeutig verbessern lassen, sollte es dem Trader gelingen, hier schneller einzuschreiten.

In Bezug auf das Moneymanagment muss natürlich jeder Trader auf Grund seiner Kapitaldecke entscheiden, wie viele Kontrakte er mit einer solchen Strategie handeln kann. Wenn hin und wieder Verluste von über $ 1000 hingenommen werden müssen, bräuchte er sicher eine höhere fünfstellige Summe, um dies verantwortungsvoll zu tun. Gelingt es dem Trader dagegen, die Verlust-Trades erheblich zu reduzieren, kann auch mit kleineren Summen gehandelt werden. Um die möglichen Drawdowns besser einschätzen zu können werfen wir noch einen Blick auf die Kapitalkurve für diese Periode.

**Bild 14: E-Mini, zweiter Backtest, Equity Curve
2011 - 2017**

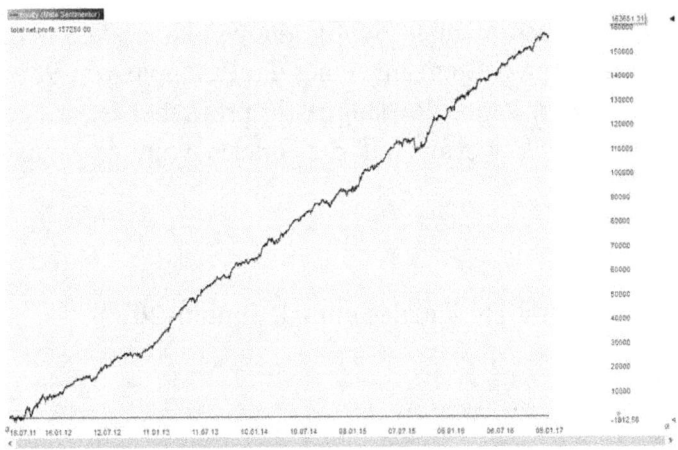

Die Equity-Curve hat nun einen Verlauf, den man sich im Grunde immer wünschen würde. Die Drawdowns sind klein und werden schnell aufgeholt. Den kleinen „Knick" im August 2015 habe ich mir auch genauer angeschaut. Hier wurde in der Tat einige Male nacheinander der Stop erreicht, was zum Verlust von mehreren Tausenden Dollars führte. Schaut man sich diese Periode im Chart etwas genauer an (zwischen dem 24. und dem 28. August 2015) entspricht dies genau der Zeit, als ein kleiner Crash in den amerikanischen Indizes stattfand. Ich hoffe, es leuchtet ein, dass ein verantwortungsvoller Trader unter solchen Umständen nicht fünf Mal nacheinander stur an einer Long-Position festgehalten hätte.

Wer es noch nicht so richtig glauben kann, dass man ein Trading-System mit einer Trefferquote von 95% entwickeln kann, das langfristig profitabel ist, möge einen Blick werfen auf die Trades vom 4. Januar 2017.

Bild 15: Trades vom 4. Januar 2017

Datum/Zeit	Aktion		Preis			
04.01.17 Wed 01:59	Long	1	2253.25	0.00		
04.01.17 Wed 02:09	close Long (Profit Target 2253.75)	1	2253.75	0.00	25.00	168212.50
04.01.17 Wed 02:09	Long	1	2253.75	0.00		
04.01.17 Wed 02:29	close Long (Profit Target 2254.25)	1	2254.25	0.00	25.00	168237.50
04.01.17 Wed 02:29	Long	1	2254.50	0.00		
04.01.17 Wed 04:44	close Long (Profit Target 2255.00)	1	2255.00	0.00	25.00	168262.50
04.01.17 Wed 04:44	Long	1	2255.25	0.00		
04.01.17 Wed 05:59	close Long (Profit Target 2255.75)	1	2255.75	0.00	25.00	168287.50
04.01.17 Wed 05:59	Long	1	2255.75	0.00		
04.01.17 Wed 10:49	close Long (Profit Target 2256.25)	1	2256.25	0.00	25.00	168312.50
04.01.17 Wed 10:49	Long	1	2255.75	0.00		
04.01.17 Wed 10:54	close Long (Profit Target 2256.25)	1	2256.25	0.00	25.00	168337.50
04.01.17 Wed 10:54	Long	1	2256.25	0.00		
04.01.17 Wed 10:59	close Long (Profit Target 2256.75)	1	2256.75	0.00	25.00	168362.50
04.01.17 Wed 10:59	Long	1	2255.75	0.00		
04.01.17 Wed 11:04	close Long (Profit Target 2256.25)	1	2256.25	0.00	25.00	168387.50
04.01.17 Wed 11:04	Long	1	2256.75	0.00		
04.01.17 Wed 13:59	close Long (Profit Target 2257.25)	1	2257.25	0.00	25.00	168412.50
04.01.17 Wed 13:59	Long	1	2257.25	0.00		
04.01.17 Wed 14:04	close Long (Profit Target 2257.75)	1	2257.75	0.00	25.00	168437.50
04.01.17 Wed 14:04	Long	1	2257.75	0.00		
04.01.17 Wed 14:19	close Long (Profit Target 2258.25)	1	2258.25	0.00	25.00	168462.50
04.01.17 Wed 14:19	Long	1	2258.00	0.00		
04.01.17 Wed 14:29	close Long (Profit Target 2258.50)	1	2258.50	0.00	25.00	168487.50
04.01.17 Wed 14:29	Long	1	2258.00	0.00		
04.01.17 Wed 15:34	close Long (Profit Target 2258.50)	1	2258.50	0.00	25.00	168512.50
04.01.17 Wed 15:34	Long	1	2261.50	0.00		
04.01.17 Wed 15:39	close Long (Profit Target 2262.00)	1	2262.00	0.00	25.00	168537.50
04.01.17 Wed 15:39	Long	1	2259.50	0.00		
04.01.17 Wed 15:44	close Long (Profit Target 2260.00)	1	2260.00	0.00	25.00	168562.50
04.01.17 Wed 15:44	Long	1	2259.50	0.00		
04.01.17 Wed 15:49	close Long (Profit Target 2260.00)	1	2260.00	0.00	25.00	168587.50
04.01.17 Wed 15:49	Long	1	2260.25	0.00		
04.01.17 Wed 15:54	close Long (Profit Target 2260.75)	1	2260.75	0.00	25.00	168612.50
04.01.17 Wed 15:54	Long	1	2261.50	0.00		
04.01.17 Wed 16:04	close Long (Profit Target 2262.00)	1	2262.00	0.00	25.00	168637.50
04.01.17 Wed 16:04	Long	1	2262.00	0.00		
04.01.17 Wed 16:09	close Long (Profit Target 2262.50)	1	2262.50	0.00	25.00	168662.50

Dieses Bild illustriert die Vorteile dieses Trading-Systems. Es gewinnt mit einer großen Leichtigkeit fast immer. Dies geschieht ausserdem ohne Zutun des Traders.

Ein solches System löst genau das ein, was ich meine, wenn ich sage, dass Trader nur aus einem Grund an der Börse aktiv sein sollten: in kürzester Zeit so viele Tics, Pips oder Punkte zu sammeln, wie es nur geht. Wenn sich ein Trader die Mühe macht, an einen solchen verrückten Ort zu gehen, dann aus keinem anderen Grund als dass er Geld verdienen will: permanent, kontinuierlich und konstant.

Es geht nicht darum, dass er seine Zeit mit endlosen Analysen verbringt. Dies mag zwar seine intellektuelle Neugier stillen. Es bringt ihn aber meistens nicht dazu, seine Taschen zu füllen. Ich weiss, dass gutmeinende Trader oder Trading-Coaches behaupten, man müsse diszipliniert sein oder man müsse sich um Trades mit hohem Chance-Risiko-Verhältnis bemühen. Demgegenüber stehen jedoch sehr fundierte wissenschaftliche Untersuchungen, dass wir Menschen nur über ein begrenztes Mass an Willenskraft (Disziplin) verfügen. Wenn diese begrenzte Menge aufgebraucht ist, lassen wir uns nur zu gern ablenken und tun eben nicht das, was diese Coaches uns abverlangen wollen. Man kann es mit einem Muskel vergleichen, dessen Kraft immer weniger wird, nachdem Sie einige Minuten lang trainiert haben.

Nutzen Trader ihre ganze Kraft und Konzentration bei der Jagd nach Rendite, bleibt eben für die Kontrolle der Verluste nicht viel übrig. Überlassen sie das Erzielen von Gewinn ganz einem semi-automatisierten System, können Sie sich stattdessen dem Management der wenigen Verlust-Trades widmen. Und das ist es, worum es in meinen Augen beim Trading immer geht.

Fazit

Ich habe die hier vorgestellte Strategie nicht veröffentlicht, damit der Leser diese übernimmt und handelt. Man kann sie handeln, völlig automatisiert oder semi-automatisch. Ausserdem bieten Backtests nie die Garantie, dass Ergebnisse, die in der Vergangenheit erzielt wurden, auch in der Zukunft erzielt werden können.

Jeder Trader, der Strategien testet, sollte sich dessen immer bewusst sein: ein Test ist ein Test. Nicht mehr, aber auch nicht weniger. Auch wenn die Ergebnisse der hier vorgestellten Strategie „gut" aussehen, heisst dies noch lange nicht, dass jeder Trader ähnliche Rendite erzielen kann. Märkte verändern sich ständig, und auch die Lernkurve eines Traders spielt eine entscheidende Rolle, ob er eine gegebene Strategie profitabel handelt oder nicht.

Mir ging es in diesem Buch primär darum, gewisse Maximen aus der Trading-Literatur zu hinterfragen. Ich bin mir bewusst, dass ein solches Hinterfragen von scheinbar feststehenden Erkenntnissen nicht immer gefallen wird und durchaus Kritik auslösen kann. Dann hätte ich aber erst recht mein Ziel erreicht. Was gäbe es besser, als eine dynamische Trader-Szene, die bereit ist sich zu jeder Zeit, selbst zu hinterfragen und neue Trading-Horizonte zu erkunden?

Ich wünsche Ihnen bei Ihren Börsen-Geschäften viel Erfolg

Heikin Ashi Trader

Sie können den Autor unter folgende E-Mail-Adresse erreichen: pdevaereyahoo.de

Glossar

Aktienindex: Kennzahl für die Kursentwicklung des Aktienmarktes insgesamt oder einzelner Aktiengruppen (zum Beispiel DAX)

Automatisierter oder algorithmischer Handel: Bezeichnet den automatischen Handel von Wertpapieren durch Computerprogramme.

Backtest: Bezeichnet den Prozess, eine Strategie zu evaluieren, indem sie auf historische Daten angewendet wird

Black-Box-Systeme: Computerprogramme, die den automatischen Handel von Wertpapieren durchführen, deren Parameter der Benutzer weder sehen noch zu wissen braucht, um das System zu nutzen

Break Even: English für Gewinnschwelle

Broker (Englisch für Börsen-Makler): Finanzdienstleister, der für die Durchführung von Wertpapierordern von Anlegern zuständig ist

Bund-Future: Terminkontrakt, der sich auf eine fiktive, langfristige Bundesanleihe bezieht, mit einem Kupon von 6 Prozent und einer Laufzeit von 10 Jahren

Candlestick: Darstellungsform von Kursveränderungen auf Basis einer japanischen Analysetechnik

Chance-Risiko-Verhältnis (CRV): Das CRV dient als Indikator für die Sinnhaftigkeit einer Anlage. Es wird berechnet durch die Division der erwarteten Rentabilität durch den größtmöglichen Verlust (Stop-Loss)

Crossing Moving Average: Strategie, die auf der Kreuzung zweier Standard Indikatoren (gleitende Durchschnitte) basiert

Curve-Fitting: Anpassung von Parametern an den historischen Datensatz

DAX: Deutsche Aktien Index

Daytrading: Daytrading beschreibt den kurzfristigen spekulativen Handel mit Wertpapieren. Hierbei werden Positionen innerhalb des gleichen Handelstages eröffnet und wieder geschlossen, mit dem Ziel bereits von geringen Kursschwankungen zu profitieren

Diskretionäres Traden: Trading-Ansatz, der auf subjektiven Analyseprozessen eines Traders basiert

Drawdown: Verluste, die innerhalb einer bestimmten Zeit ausgehend vom Höchststand entstehen können

E-Mini-Future: Future Kontrakt auf den amerikanischen Index SP500

Entry-Strategie: Eine Strategie, die den Eintritt in einen Markt bestimmt

Equity-Curve: Performancekurve

Erwartungswert: Kennzahl, die sich bei unbegrenzter Wiederholung des zugrunde liegenden Experiments als Durchschnitt der Ergebnisse ergibt

Eurostoxx50-Future: Future auf den Aktienindex, der 50 große börsennotierte Unternehmen der Eurozone beinhaltet

Exit-Strategie: Eine Strategie, die den Austritt aus einem Markt bestimmt

Forex: Forex Exchange Market, internationaler Devisenmarkt

Fortsetzungsformation: Pause im Haupttrend, bei dessen Abschluss die vorherige Richtung wieder aufgenommen wird

Futures: Terminkontrakt. Standardisierter Vertrag über den Kauf oder Verkauf einer bestimmten Menge einer Ware, zu einem festgelegten Preis, an einem bestimmten Datum

Gap: Kurslücke zwischen zwei Handelstagen

Heikin Ashi Chart: Japanisch: „auf einem Fuss balancieren". Japanischer Darstellungsform von Kursveränderungen

Indikator: Kennzahl der Technischen Analyse, der der Bestimmung von Kursverläufen von Wertpapieren dient

Kommissionen: Kosten, die beim An- und Verkauf von Wertpapieren oder Terminkontrakten anfallen

Kursziel: Börsenkurs, den ein Wertpapier aufgrund einer Analyse erreichen soll

Lernkurve: Beschreibt im Trading den Erfolgsgrad des Lernens über den Verlauf der Zeit

Liquidität: Beschreibt im Börsenhandel, in welchem Maß ein Wertpapier jederzeit ver- und gekauft werden kann

Long: Long zu sein heißt, Wertpapierbestände gekauft und damit im Besitz zu haben

Long Only: Parametereinstellung, die im System nur Long-Positionen eröffnet

Long/Short: Parametereinstellung, die im System sowohl Long-als auch Short-Positionen eröffnet

Mean-Reversion: Die Neigung eines Börsenkurses, nach einer extremen Position wieder zu seinem Durchschnittwert zurückzukehren

Money-Management: Als Money-Management bezeichnet man eine Wertsicherungsstrategie, die darauf abzielt, das Risiko eines Wertpapier-Portfolios durch Größenfestlegung der einzelnen Handelspositionen zu steuern

Moving Average: gleitender Durchschnitt, Indikator

Optimierung: Verfahren in der angewandten Mathematik, das versucht optimale Parameter eines, meist komplexen. Systems zu finden

Performance-Histogramm: Performance-Messung für eine bestimmte Handels-Periode

Pip: Engl. : Percentage in point, kleinste Änderung im Preis im Devisenhandel

Profit-Faktor: Gewinnfaktor, der den Bruttogewinn durch den Bruttoverlust teilt

Range: Kursbereich, in dem ein Wert in einer Phase (ein Tag, eine Woche, mehrere Monate) gehandelt wird

Retracement: Eine vorübergehende Umkehr, die gegen den vorherrschenden Trend geht

Risikomanagement: Umfasst sämtliche Maßnahmen zur systematischen Erkennung, Analyse, Bewertung, Überwachung und Kontrolle von Risiken

Roundturn: Abgeschlossene Transaktion, bei der ein Wertpapier gekauft und wieder verkauft wurde

Scalping: Trading-Technik, bei der der Trader versucht minimale Bewegungen im Markt zu handeln

Semi-automatisch handeln: Trading-Ansatz, bei dem der Trader Handelsentscheidungen teils einem automatisierten System überlässt, teils manuell durchführt

Short-Position: Ein Trader ist Short, wenn er eine Position verkauft, ohne sie zu besitzen (Leerverkauf)

Slippage: Die Differenz zwischen dem veranschlagten und dem tatsächlichen Preis beim Wertpapierkauf

S&P 500 (Standard & Poor's 500): Aktienindex, der die Aktien von 500 der größten börsennotierten US-amerikanischen Unternehmen umfasst

Stop-Loss-Order: Verkaufsauftrag, der bestens ausgeführt wird, sobald ein bestimmter Kurs erreicht wird

Take-Profit-Order: Automatisierte Börsenorder, der ausgelöst wird, sobald ein vorab bestimmtes Kursziel erreicht wurde

Tic: Kleinste Preisveränderung an einem Futures-Markt

Trailing-Stop: Automatisch nachgezogener Stop-Loss-Order

Trefferquote: Die Trefferquote beschreibt das Verhältnis von Gewinn-Trades zu Verlust-Trades

Trend following: Trading-Strategie, die auf das Folgen eines einmal identifizierten Trends setzt

USD/JPY: Währungsverhältnis zwischen dem US-Dollar und dem japanischen Yen

Volatilität: Standardabweichung. Gibt an, wie stark ein Kurs schwankt

Zeit-Stop: Diese Order schließt eine Position nach einer vorab festgesetzten Anzahl Perioden automatisch

Weitere Bücher von Heikin Ashi Trader

Wie starte ich mit 500 Euro ein Trading-Business?

Viele Trader haben am Anfang nur wenig Geld fürs Traden zur Verfügung. Dies muss aber kein Hindernis sein, trotzdem eine Trader-Karriere ins Auge zu fassen.

Allerdings geht es in diesem Buch nicht darum, wie man aus 500 Euro 500.000 Euro erwirtschaftet. Es sind gerade die überzogenen Rendite-Erwartungen, welche die meisten Anfänger zum Scheitern bringen.

Stattdessen zeigt der Autor realistische Wege auf, wie man trotz eines kleinen Startkapitals zu einem hauptberuflichen Trader werden kann. Und dies gilt sowohl für Trader, die privat bleiben wollen, als auch für diejenigen, die irgendwann Kundengelder traden wollen.

Dieses Buch zeigt Schritt für Schritt, wie Sie das schaffen können. Ergänzend gibt es noch einen konkreten Aktionsplan für jeden einzelnen Schritt. Jeder kann im Prinzip Trader werden, wenn er bereit ist zu lernen, wie dieses Geschäft wirklich funktioniert.

Inhaltsangabe

Wie scalpe ich den Mini-DAX-Future?

Dank der Einführung des Mini-DAX-Futures (Kürzel: FDXM) bekommen Privatanleger mit kleineren Konten nun auch die Möglichkeit den deutschen Index DAX zu professionellen Konditionen zu scalpen. Im Gegensatz zu den meisten anderen Trading-Instrumenten sind Futures die transparenteste und günstigste Möglichkeit in den Finanzmärkten Geld zu verdienen.

Scalper haben unendlich viel mehr Trading-Gelegenheiten als Positionstrader oder Daytrader, was die eigentliche Stärke dieses Trading-Stiles ausmacht. Ein Scalper kann sein Kapital von daher viel effektiver verwalten als alle anderen Marktteilnehmer und ist somit in der Lage eine viel größere Rendite zu erwirtschaften als es sonst der Fall wäre.

Der Heikin Ashi Trader zeigt in diesem Buch wie man diesen neuen Future auf den DAX erfolgreich scalpen kann. Sie lernen, wie Sie in den Markt einsteigen, wie Sie Ihre Positionen managen und an welcher Stelle Sie wieder aussteigen sollten. Ausserdem enthält das Buch eine Fülle an Tipps und Tools, um das eigene Trading noch effektiver und präziser zu gestalten.

Inhaltsverzeichnis

9.   Sind Re-Entries sinnvoll?

10.   Exit-Strategien

11.   Sind Multiple Targets sinnvoll?

12.   Wann Sie den Mini-DAX scalpen sollten (und wann nicht)

13.   Hilfreiche Tools zum Scalpen

        A. Orders platzieren

        B. Öffnen und Schließen der Orders

        C. Das Managen offener Orders

        D. Der Trailing Stop als Gewinnmaximierungs-Tool

14.   Verschiedene Stop-Arten

        A. Der Fixe Stop

        B. Der Trailing Stop

        C. Der Lineare Stop

        D. Der Zeit Stop

        E. Der Parabolic Stop

        F. Stop Order verknüpfen

        G. Multiple Stops und Multiple Targets

   15. Geld wird an der Börse mit Exit-Strategien verdient!

   16. Weiterentwicklung der Marktanalyse

Über den Autor

Heikin Ashi Trader wird weltweit als der Spezialist für Scalping mit dem Heikin Ashi Chart betrachtet. Er tradet auf dieser Weise seit 19 Jahren. Er hat für einen Hedgefonds gehandelt und machte sich dann als Trader selbständig. Sein Scalping-Buch "Scalpen macht Spaß!" ist ein internationaler Bestseller und wurde mehr als 30.000 Mal verkauft. Auf seiner Website www.heikinashitrader.net finden Sie weitere Informationen über seine Scalping-Methode.

Mit über 30.000 verkauften Exemplaren weltweit, ist der Bestseller "Scalpen macht Spaß!" jetzt auch als **Online-Kurs** erhältlich!

Entdecken Sie, wie einfach scalpen sein kann mit der Heikin Ashi-Methode.

Schauen Sie sich den kostenlosen Workshop dazu an, der Ihnen genau darüber informiert, was Sie im Kurs bekommen!

Für weitere Informationen besuchen Sie bitte:
www.heikinashitrader.org